Szabó István – Béres Miklós

MI LENNE, HA…!

(Akkor AZ van.)

novum pro

www.novumpublishing.hu

Minden jog fenntartva, beleértve a mű film, rádió és televízió, fotómechanikai kiadását, hanghordozón és elektronikus adathordozón való forgalmazását, valamint kivonat megjelentetését, illetve az utánnyomását is.

Nyomtatva az Európai Unióban környezetbarát, klór- és savmentes, fehérített papírra.

© 2017 novum publishing

ISBN 978-3-99048-636-8
Lektor: Heinze Enikő
Borító, tördelés & nyomda:
novum publishing
Illusztráció: Németh Eszter Mandallam

www.novumpublishing.hu

SZERETETTEL KÖSZÖNTELEK!

Szeretettel köszöntelek.
Igen, még egyszer.
Még egyszer nagy Szeretettel köszöntelek.
Mi lenne, ha Te is kimondanád?
Szeretettel köszöntelek!
Mi lenne, ha Szeretettel köszöntenéd ezt a könyvet?
Ha szeretettel köszöntenéd azt az Önmagad, aki úgy érezte, hogy ez az Ő könyve – a Te könyved.
Aki megengedte, hogy ez a könyv megtalálja.
Rád találjon.
Mi lenne, ha ezt a könyvet másképp olvasnád, mint eddig bármit?
Mi lenne, ha egy utazásra hívna?
Egy könnyed, játékos utazásra.
Mi lenne, ha egy játékba hívnálak?
Ahol néha együtt játszanánk.
Néha csak te magad lennél.
Nem tűnik túl nehéznek, ugye?
Hogyan is lehetne a játék nehéz?
Mi lenne, ha most megállnál egy pillanatra?
Vennél egy mély levegőt.
Akár még egyet.
Majd kimondanád – még egyszer. Hangosan.
Szeretettel köszöntelek!

Ne miattam, Magadért.
Csakis a magad kedvéért.
Ha van kedved.

Mi lenne, ha azt mondanám: ez az emlékezés játéka? Mi lenne, ha most csupán az elmúlt percre emlékeznél? Ahogy itt ültél, és olvastad ezeket a szavakat. Mit éreztél?
Mi lenne, ha leírnád? Most, ide.
Akár csak egy szót. Ami elsőre eszedbe jut.
Könnyedén. Játékosan.

Örülök. Örülök, ha velem tartasz. Boldoggá tesz. Tudom, hogy téged is. Mert amikor ezt leírtam, tudtam, kétségem nem volt afelől, hogy így lesz. Előbb vagy utóbb.
Mi lenne, ha inkább előbb lenne? Akár most. Ebben a pillanatban.

Ugye, nem volt nehéz?
Örülök, hogy van kedved játszani.
De mi lenne, ha ezt a szót, hogy nehéz, nem használnád többször?
Hiszen mi értelme? Mi értelme volt eddig?
Persze értem, hogy megannyi könnyű dolgot voltál képes nehéznek érezni.
De mi is a „nehéz"?
Ha valami nehéz, azt nem bírod el.
Leteszed. Nem viszed tovább.
Teljesen igazad van. Figyelek rád! Ezért most leteszem én is. Ezt a szót nem használom tovább.
Mi lenne, ha te is letennél valamit?
Itt és most, ebben a pillanatban. Hiszen minden pillanat megfelelő ahhoz, hogy meghozz egy döntést.
Ne mondd, hogy...
Első ránézésre lehet, hogy nagy feladatnak tűnik.
Bár én máris jobban érzem magam. Mondhatom, megkönnyebbüléssel hatott rám ez az ötlet, hogy mi lenne, ha megválnék néhány gyakran használt szótól, amelyek mára már kiterjedt fogalommá nőttek bennem. Elhatalmasodtak felettem. Úrrá lettek rajtam.
Azt hiszem, mindig is inkább akadályoztak abban, hogy egy élethelyzetben felmerülő feladatot tisztán lássak.
Könnyedén.
Akár játékosan, legfeljebb „nagy" feladatnak. Aminek megoldása – ha így nézek rá – szinte önmagától kibontakozik előttem.

Tehát mi lenne, ha most te is letennél valamit?
Azt kérdezed, mit?
Bármit, akármit.
Hogyan is mondhatnám meg én neked? Hogyan mondhatná meg bárki, hogy az eddigi életed során összegyűjtött terhek közül te most melyiket érzed igazán feleslegesnek? Amit nem érdemes tovább cipelned. Aminek terhét érezheted.
Ne feledd, ez az emlékezés játéka. Csak emlékeztetlek annak lehetőségére, hogy ezt bármikor megteheted. Bármikor képes vagy érezni.
Érezni mindazt, ami nem tölt el boldogsággal.
Ami nem teszi szebbé és jobbá a napjaidat egy ideje.

Nézz körül!
Nézz körül magadban – abban az egyedi és egyszeri, csodálatos és megismételhetetlen lélekben, aki vagy!

Nézz körül az életedben!
Nézz körül az otthonodban!

Igazán otthon érzed magad?
Olyan tárgyak vesznek körül, amelyek jó érzéssel töltenek el, ha rájuk nézel?
Vajon valóban szükséged van mindenre, amivel mostanra körbevetted magad? Vagy lehet, hogy van olyan, amiről egy ideje már nem szívesen törölgeted a port?

Mi lenne ha – ahogy az első ilyet észreveszed – engednéd, hogy gondolatodban megjelenjen valaki, egy rokon, barát, vagy csak a szomszéd, akinek szívesen elajándékoznád?
Igen, most. Csupán az ajándékozás öröméért.

Ha úgy tartja kedved, előtte még megsirathatod. Elbúcsúzhatsz a tárgytól, éppúgy, mint a hozzá fűződő emlékektől. Az is lehet, hirtelen még nagyobb ragaszkodást érzel. Talán ekkor – az elengedés pillanatában – döbbensz rá „értékére", és többre becsülöd, mint valaha. Nagyszerű! Hogyan is tudnád elajándékozni jó érzéssel, ha nem így lenne! Ugye, milyen nagyszerű felfedezés?
Mennyi mindenem van!

Mennyi dolgom van, amitől akár meg is válhatok.
Ekkor lehet, hogy már megjelenik előtted abban a formában is, ahogy be fogod csomagolni, és a pillanat, amikor átadod valakinek.
Azt sem kell megvárnod, hogy neve napja legyen.
Még a könyvet sem kell tovább olvasnod.
Viszont ülhetsz itt egy kicsit, körbenézhetsz.
Mi lenne, ha leírnád ide mindazt, amitől szívesen megválnál?

Pár éve hagytam – mivel már vágytam is – megérkezni a változást az életembe. És olyan erővel köszöntött be, hogy négy hónap után egy üres lakás közepén találtam magam. Minden kényelemmel felszerelt, többszintes ház volt. Ahogy fogytak belőle a dolgok, arra lettem figyelmes, hogy én is egyre könnyebbé válok – belőlem is kezdett kiürülni valami. Azt is észrevettem, hogy mennyi minden volt, ami csak látszólag szolgálta a kényelmemet, amiről csak próbáltam azt hinni, hogy arra hivatott. Rájöttem, hogy igazán soha nem volt rájuk szükség.

Igen, lehet, hogy mára már te is rendelkezel sok-sok mindennel, annak örömére, hogy örömödet szolgálják.

De valóban így lenne?

Csak kérdezem tőled. Sőt, még azt sem.

Biztatlak rá, hogy merd feltenni magadnak a kérdést. Hogy egyre több mindent merjél megkérdőjelezni.

S a válasz hamarosan megérkezik.

Az üres lakás közepén ülve a boldogságom egy pillanatra hiánytalannak tűnt. Sikerült helyet csinálnom mindannak az újnak, amiről ekkor már egyre pontosabb elképzelésem volt. Amit ekkor már hagytam felszínre törni régen eltemetett vágyaim közül. Csodálatos volt látni a teret „kívül", de valami belül még nem volt ilyen tágas.

Feltettem a kérdést: mi az, amitől még nem váltam meg?

Megfigyeltem, hogy olyan „dolgokat" is gyűjtünk az életünk során, melyek nem kézzel foghatóak, de emlékeink tárházában szilárdan jelen vannak. Úgy éreztem, mintha egy batyut cipelnék a hátamon, amit az évek alatt folyamatosan töltöttem tele olyan érzelmi emlékekkel, melyek egyre súlyosabbá és fájdalmasabbá váltak. Az egész batyut nagy teher volt tovább vinni, és a tartalmával már képtelenség volt együtt létezni.

Vajon éreztél-e már így?
Vajon képes vagy-e észrevenni a batyudat?
Vajon bele mersz-e nézni?

Mi lenne, ha elkezdenéd kiüríteni?

Ha igazán így érzed:
Itt van az ideje.

Mindegy, hogy a további oldalakat mikor fogod olvasni. Úgy haladj, ahogy neked jólesik.
Bármikor leteheted. Újra is kezdheted.
A lényeg, hogy amikor a kezedbe veszed, csak itt legyél. Jelen legyél.
Csak te és a könyved.
Együtt.

Biztosan láttál már macskát fa mögé bújni.
Milyen érdekes, hogyha ő nem lát téged, azt hiszi, nem is vagy ott!
Vajon gondoltál-e arra, hogy te is tehetnél így?
Hogy amit nem látsz, arra nem gondolsz.
Azt gondolatban nem kíséred figyelemmel.
De mi lenne, ha ezt tudatosan tennéd?

Mi lenne, ha nem tartanád a figyelmed tovább azon a régi, elmúlt, megtörtént eseményen? Ha felmerül benned, még mindig rossz érzéssel tölt el? Még mindig van benned harag? Még mindig nem bocsátottál meg a történetben részt vevő embereknek? Még magadnak sem bocsátottál meg?
Ó igen, ez nem kis feladat, mondhatnád, ez nagy feladat.
Pedig nem. De ne hidd el nekem! Próbáld ki!
Csak hagyd egy pillanatra megjelenni azt az eseményt! Járd körül nyugodtan – gondolatban! Százegyedszer is, hiszen megtetted már százszor. Nézd meg, találsz-e benne valami új látnivalót! Valami új tanulságot. Vagy tényleg csak ugyanazt ismételgetted eddig magadban?

Mi lenne, ha most végleg elengednéd?

Azt mondanád:
Megbocsátok magamnak.

Hiszen tudom, hogy ez a dolog már megtörtént. Megváltoztatni nem tudom. Minden bizonnyal a tőlem telhető legjobbat cselekedtem, amire abban a pillanatban képes voltam. Ahogy mások is.

Lehetett volna másképp? Lehetett volna. De nincs *volna*. Akkor az úgy lett volna, de nem úgy volt.
Tehát mi lenne, ha most megbocsátanál mindazért, ami történt? Mindazoknak az embereknek, akik abban a szituációban részt vettek. Látszólag bántani akartak téged.
De mi lenne, ha most hajlandó lennél úgy látni, hogy ők is csak a tőlük telhető legjobbat tették akkor? Mi lenne, ha ezek az emberek titkon a javadat akarnák?

Amikor ezt olvasod, talán megjelentek előtted néhányan. Mi lenne, ha ideírnád az első háromnak a nevét?

....

....

....

Nem kell megbocsátanod nekik rögtön. Ragaszkodhatsz még a sérelmeidhez. Egészen addig, amíg nincs tovább. Mehetsz még mélyebbre a fájdalomban, amíg elviselhetetlenné válik. Kipróbálhatod ezt is. De jól érzed magad tőle?
Mi lenne, hogyha azon a ponton, amikor már elég, elkezdenéd megfordítani ennek az érzésnek az irányát?

Megfordítani a gondolatok irányát.
Az előjelét. Ahogy tetszik. Ahogy érzed.
Csak az érzésedre figyelj! Csak saját magad megtapasztalásában bízz! A saját megérzésedben.
Az az irány- és útmutatásod követésének legfőbb megerősítése, hogy hogyan érzed magad.

Azt kérdezed, hogyan fordíthatod meg a gondolataid irányát?
Először nézzük meg, hogy mi az, ami elmozdíthat innen – a múltból – abba a jelen pillanatba, ahol jobban érzed magad.
Ugye, találsz az életedben egy csodálatos pillanatot, amit most felidézhetsz?
Egy olyat, ahol csak *vagy*. Ahol boldog voltál.
Ne mondd, hogy nincs ilyen!
Ahol nem is volt szükséged másvalakire, másvalamire ahhoz, hogy jól érezd magad.
Idézz fel egy ilyen pillanatot – és maradj együtt vele!
Engedd elmerülni magad ebben az érzésben!

Máris tapasztalhatod, mennyivel jobb egy ilyen emlékképben körbenézni.

Talán a hely varázsa, annak látványa, hangulata hozzátett az élményhez, amikor tényleg ott voltál.
De annak a harmóniának az érzése benned volt.
Az te voltál.
Az te vagy.

Ha akkor *az* volt, akkor most is ott van.
Bármikor fel tudod idézni. Tehát bármikor érezheted magad úgy, olyan boldogan, mint akkor, abban a csodálatos pillanatban. Most is.
Ez is egy ugyanolyan, tökéletes pillanat.

Mi lenne, ha minden pillanatban ügyelnél - saját vágyad és szándékod szerint - gondolataid irányára?
Mi lenne, ha azt mondanám, hogy máris kivezethet a fájdalomból egy következő gondolat? Egy másik történet, amit már te írsz tovább. Ami akár jelenleg is történhetne. Mi lenne, ha ezen a ponton hagynád játszani a fantáziádat, a képzelőerődet?
Ahogyan abban a felemelő pillanatban érezted magad, úgy most is jól érezheted magad.
Lehet ez mindig így?
Vajon érzed-e, hogy Te magad vagy ennek a jó érzésnek a forrása?
Benned és általad, rajtad keresztül áramlik ennek a szeretetnek a végtelen energiája. Folyamatosan.
Még tenned sem kell érte, csak hagyni.
Hagyni, hogy legyen, hogy létezzen, hogy áramoljon. Megengedni.
Megengedni magadnak mindazt a jót, amit el tudsz képzelni.
Mi lenne, ha éreznéd, ahogy ez a szeretet átjárja tested? Minden részét.
Mi lenne, ha érzékelnéd a szívverésedet?
Minden lélegzetvételed könnyedségét?
Egyszerűen csak hagyod... Történik.

Persze mondhatod, hogy neked ez még nem megy. Nem vagy még kész rá. Tudom, hogy könnyű kifogásokat találni. Meg hát, vagy olyan ügyes, hogy meg is tudod magyarázni.
Lehetetlenség megbocsátani - hiszen bántott! Hogyan tudnék neki megbocsátani?
De mi lenne, ha azt mondanám, hogy ez is csak egy gondolat?
Egy gondolat, amihez ragaszkodsz.
Azt már képes vagy érezni, hogy az ilyen gondolatoktól nem érzed jól magad. És azt is tapasztalhatod, hogy más gondolatokat gondolva még levegőt is boldogabban veszel.
Nos, egészen biztos lehetsz benne, hogyha elég ügyes vagy kifogásokat gyártani, megvan az a képességed is, hogy meg tudjál bocsátani. Bármikor. Mindig. Mindenkinek.
Most is. Még magadnak is.

Ugye láttál már két macskát egy pillanat alatt összeverekedni? Akkor láthattad azt is, hogy a következő pillanatban már jó barátságban vannak. Vajon láttál-e már gyermeket haragtartónak?

Általa még érezheted annak a végtelen szeretetnek az áradását – ami mindannyian vagyunk –, amely igyekszik benned is, és belőled is, folyamatosan, minden pillanatban kitölteni a teret.
Amit ezeknek a rossz érzéseknek az energiájával próbálsz még most is le- és elfojtani.
Érzed, hogy ez az állapot számodra nem természetes, természetellenes? Érzed, hogy ehhez erőre van szükséged, energiát von el tőled?
Hogy fárasztó. Nyomasztó.

Mi lenne, ha felidéznél egy megelőző létállapotot?
Emlékezz a gyermekre, aki voltál! Arra a végtelen, szabad Létezőre, akinek még játék volt az élet.
Ha akkor úgy volt, akkor most is érezheted úgy, mélyen magadban. Lehet mindig úgy?
Azt kérdezed, hogyan?
A válaszok megjönnek. Amikor igazán felmerül benned egy kérdés, akkor a válasz meg fog érkezni. Efelől kétséged se legyen!
Sőt, abban is biztos lehetsz, hogy ez a folyamat úgy vezet befelé, a szíved szeretettel teli, végső, tiszta önvalóságához, ahogyan képes vagy a „batyudban" lévő fájdalmakból, neheztelésekből, sérelmekből is egyre többet elengedni. Úgy válik lelked egyre könnyebbé, lényed egyre tágasabbá, ahogy a szeretet egyre nagyobb teret nyer, s engeded egyre jobban kiáradni.

Ahogyan helyet csináltál kívül, a saját környezetedben, úgy van lehetőséged elképzelni annak újraalkotását, újrateremtését. Lépésről lépésre elképzelni annak minden részletét. Ahogyan igazán szeretnél élni.
S milyen felszabadító, amikor ez a folyamat együtt zajlik azzal, hogy magadban is sikerül helyet teremteni.
Helyet mindazoknak a jó érzéseknek, amiket az imént felidéztél magadban a kellemes emlékeken keresztül, és amelyek most is ugyanazzal a boldogsággal töltik el tested minden sejtjét, mint annak idején!

Akár maradhatsz is így.
Ebben a nyugalomban.
Még meditációnak sem kell nevezned.
Csak pihenj meg!

Talán feltűnt, hogy e könyv nem arra hivatott, hogy egy technikát, egy újabb technikát mutasson be. Hiszen azokból már ismerhetsz eleget. Talán próbáltál is néhányat?
De ha nem, akkor is minden rendben van.
Hiszen mindezek tudása ott van – kódolva – mindannyiunkban.

Ezek a szavak is csak emlékeztetők.
Emlékeztetnek arra, ami maga az „élet", forrásod magja, maga a forrás. Az az élet, ami mindig is igyekezett élni magát rajtad keresztül.
Rámutatnak arra a képességre, amivel mindig is rendelkeztél.
A megérzésedre, melynek segítségével minden pillanatban tudatában lehetsz, hogy számodra a legmegfelelőbb irányba haladsz-e.

Ugyanígy tudatában lehetsz a gondolataidnak.
Észreveheted, hogy ők sorban állnak egymás után. Legtöbbször még ismétlődnek is.
Sose harcolj ellenük!
Gondolataid folyamát ne is próbáld megállítani!
Viszont tudatában lehetsz tartalmuknak, mert szándékosan megfigyelheted, hogy mely gondolatok töltenek el jó érzéssel.
És máris eldöntheted, hogy azokat gondolod-e tovább.
Hiszen azok a *te* gondolataid, és nem ők gondolnak téged.
Ez a döntés mindig a te kezedben van. Ez a legfőbb döntés, amit életed minden pillanatában meghozhatsz.
Elmélkedj el! Érezd meg! És, ha te is így találod, mi lenne, ha ez lenne az a pillanat, amikor kezedbe veszed életed irányítását? A sorsod irányának irányítását. Hogy végre kiteljesedjen az életed. Olyan legyen, amilyet mindig is szerettél volna. Hogy azok a vágyak és álmok megérkezhessenek életedbe, amik feledésbe merültek. Amiket már rég eltemettél.

Mi lenne, ha itt és most eldöntenéd:
Mostantól minden pillanatban az lesz a legfontosabb, hogy hogyan érzem magam.
Mi lenne, ha kijelentenéd:
Mától nem vagyok a gondolataim rabja.
Én gondolom azokat.

Én szabok irányt a gondolataimnak, hogy azok mindig jó érzéssel töltsenek el. Én álmodom az álmokat, amikre öröm ránézni. Ezért mától én fogom eldönteni, hogy mit álmodok meg, és hogyan színezem ki életem minden pillanatát.

Ilyen egyszerű lenne?
Igen. Nincs más dolgod.
De ha van kedved, tarts még velem a játékban – játsszunk még egy kicsit!
Mert az jó.

Vagy ez nem is egy játék, hanem inkább egy technika? Tőlem mondhatod, ha ez boldogabbá és magabiztosabbá tesz. Hogy tovább játssz.
De akkor mi lenne, ha rögtön azt mondanád: ez maga a technikák technikája?
Akkor tényleg nem lenne más dolgom?
Csak mindig odafigyelni magamra? Hogy hogyan érzem magam az adott helyen, az adott pillanatban, az adott környezetben, az adott emberekkel? Hogy ott és akkor képes vagyok-e jól érezni magam?
Mert ha nem... de tényleg, mi van, ha nem?

Észrevetted, hogy ennek a könyvnek az a címe: „MI LENNE, HA...!", nem pedig „Mi van, ha..."? Kíváncsi vagyok, most, hogy egymás után olvastad, hallod-e a különbséget a két mondat lehetséges befejezése között. Észrevetted, hogy-ha azt mondod, „mi van, ha...", akkor egy olyan jövőbe kivetített ponton rögzíted a figyelmedet, ami egy félelmet, egy „mi lesz, ha" gondolatot generál. Amely máris az esemény negatív kimenetelét vetíti előre.
Azzal, hogy helyet adtál ennek a félelmetes gondolatnak, rögtön egy óriási akadályt hoztál létre. Ráadásul, ha elkezded ismételgetni, eluralkodik rajtad.
Cselekvésképtelenné tesz. Leblokkol.
El sem indulsz.

Pedig mi minden lehetne, ha...!

Hát nem érdekes, hogy milyen könnyen felvesszük a kapcsolatot a félelmeinkkel?
Könnyedén pattannak elő, és elhatalmasodnak felettünk, amikor egy lehetőség megnyílik.

A negatív eseményekre előszeretettel emlékszünk vissza. „Már a múltkor is ez volt."
Majd milyen könnyen igazoljuk a félelmeinket bekövetkezésükkor. „Látod, megmondtam! Látod, nem hiába féltem."

Mi lenne, ha ugyanilyen könnyen, ellenállás nélkül hagynád összekapcsolódni a vágyaidat és azok megvalósulását?

Csak hagynád, hogy a vágyaid szabadon, erőfeszítés nélkül lendületet vegyenek, hogy utólag azt mondhasd: „Látod, bíztam benne, hittem magamban! Mert éreztem, hogy ez így jó."

Tehát mi lenne, ha…
Mi lenne, ha elfogadnád, hogy a számodra negatív események bekövetkezte előtt IS egy gondolat ismétlődik? Most már annak is tudatában lehetsz, hogy az nem is töltött el jó érzéssel.
De ha ezt észreveszed, mi lenne, ha engednéd tudatodat hozzáférni egy biztatóbb gondolathoz? Amelyik nem blokkol le. Hanem éppen ellenkezőleg: amelynek felszabadító érzésében máris fellélegzel.
Igen, így értem. Szó szerint.

Mintha egy mély levegőt vennél.
Lélegezz!

Akkor ez máris egy következő technika? Vagy ugyanannak a része?

Negyvenéves koromban, amikor elkezdtem főzni – válásom után –, eszembe jutott dédnagymamám és egy régi fazeka, amiben már jó néhányszor leégett az étel, de érdekes módon mindig nagyon finomakat főzött benne. Ekkor megjelent egy réges-régi kép, és rossz érzés fogott el. Egy jelenet, mikor minden bizonnyal megbántottam őt.

Akkoriban már egyre felszabadultabbnak, boldogabbnak éreztem magam. Velem maradt nagy fiammal is szeretetteljes egyetértésben éltük mindennapjainkat. Azt hittem, túl vagyok minden fájdalmon, amit korábban sikerült összegyűjtenem, és cipelnem magammal. Már olyan emberekre is sikerült megbocsátással, megértéssel gondolnom, akikről ezt addig el sem tudtam képzelni.
Talán ezért fogadtam hálával ezt az emléket. Figyelmeztetett: van még valami a batyuban.

Csak azért mesélem el ezt most neked, mert elképzelhető, hogy a megbocsátásnak is a maga idejében jönnek el a megfelelő lépései. Ez egy folyamat. De ahogy saját szíved szándéka szerint hagyod történni, biztos lehetsz benne: ez nem egy olyan gyakorlat, amit életed végéig kell végezned.
Sőt, abban is biztos vagyok, hogy nálam is ügyesebb vagy. Amikor beengeded magadba a változás szelét, gyönyörű viharként köszön vissza, és tapasztalni fogod mindent elsöprő erejét. Akár körülötted is, a hozzád közel állók életébe is beköszöntvén.
Lehet, hogy lesznek, akik azt mondják: olyan, mintha kettesével vennéd a lépcsőfokokat. Kérlek, ne figyelj rájuk! Csupán a saját nézőpontjukból látják így. Úgy érzik, mintha lemaradnának. Te csak magadra figyelj! Legyél teljesen nyugodt afelől, hogy már most, ebben a pillanatban minden rendben van. Érezheted, hogy minden pillanat egy tökéletes pillanat. Minden pillanatban le-

hetőséged van annak teljes megengedésére, hogy az legyél, aki vagy. Hogy annak a tiszta szeretetnek fényében éld létezésed minden pillanatát, amiként megszülettél.

Mi lenne, ha kijelentenéd:
Minden a megfelelő időben történik velem, ahogy az a legjobb számomra.

Amikor képes vagy ezt elfogadni, akkor válsz igazán képessé bármit befogadni.

De te most azt mondod, hogy ez túl egyszerű?
Túl egyszerű ahhoz, hogy igaz legyen.
Rögtön legyek ott, ahol mindig is lenni akartam?
– Igen. Választhatod ezt a „rövidebb utat".
Vagy akár a hosszabbat is. Mindkét esetben fantasztikus élményekben, megtapasztalásokban, történésekben lesz részed. De azt jó, ha tudod, hogy a kettő közül a rövidebb akár már most örömteli változást hoz az életedbe.
Meglehet, a másik is – de ki tudja, mikor?

Akkor az nem csak halogatás?
Ha te is érzed magadban, mélyen, belül mindezen mondatok igazságát, ha valami rezonál benned e szavak összefüggéseire, akkor miért dolgoznál tovább magad ellen?
Hogyha érezhetem magam így, ahogy vagyok, egyedül is – nem magányosan, hanem csak így, egymagam – nagyszerűen, boldogan, függetlenül rajtam kívül álló dolgoktól, akkor miért tennék másképp?

A másik, a „hosszabb" úton eljuthatsz a fájdalomnak egészen fantasztikusan mély pontjáig. Ahol már nincs tovább, ahol a fájdalom testi tünetei késztetnek, hogy megállj.
Előbb-utóbb meg fognak állítani.
És megszületik a kérdés: minden rendben van így? Vagy valamit mégis csinálhatnék másképpen?

Nos, ezért mondom, hogy ez az út is ugyanoda visz. Csak életed végéig is eltarthat. Ezt az utat halálod napjáig is járhatod. Egyre nagyobb méreggel, haraggal, dühvel, önsajnálattal és hasonló önbecsülés-romboló érzelmekkel, hogy végül felismerd: **A döntés mindig az én kezemben van.**

Ha már érzed magadban ezt a feszültséget, mi lenne, ha megpróbálnád kiengedni?
Mivelhogy változás előtt állsz.
Hiszen nyeltél már eleget.
Még erőltetni sem kell, csak hagynod.
Mivelhogy óhajtasz változni.
Hagynod, hogy átszakadjanak ezek a gátak.
Mivelhogy hajlandó vagy észrevenni magadban a változásra való képességet.
Mi lenne, ha most rögtön üdvözölnéd a változás szelét?
Ha mást nem, ordíts egy nagyot!
Engedd ki!
Minden úton-módon és formában hagyd kibontakozni!
Ugrálj, üvölts! Menj ki a szabadba, szaladj fel egy dombra!
Egyél valami finomat! Bármit, ami eszedbe jut.
Ha nincs otthon, akkor ugorj el a boltba!

Ülj neki egy este, és sirasd meg magadat.
A fájó múltadat – mindenedet.
Igen, sírj!
Sírjál, ha jólesik.
Miért ne ejthetnél könnyeket?

Tegyél bármit, ami megkönnyebbülést hoz ebben a pillanatban.

...és közben lélegezz!
Lélegezz!
Mély lélegzetvétel.
Beszívom, kiengedem.
Újra és újra.

Érzem, hogy nincs többé feszültség a mellkasomban, nincs bennem görcs, ki tudom húzni magam. Egyszerűen fel tudok lélegezni. Fellélegezhetek.
Varázslatos. – És még varázslatnak se hívd! Egyszerűen csak történik.
Lélegzem.

Érezd, hogy máris megmozdult benned valami!
Érezd, hogy elindultál!

Nincs semmi, ami visszafoghatna!
Nincs senki, aki elvehetné a szabadságodat!
Csak te zárhatod magadra börtönöd ajtaját.

A "rövidebbik útra" lépve máris megállsz. Mert abban a pillanatban szívedből tör fel: hogyan lehetne másképpen? Mi lenne az, amit érdemes másképp csinálni? És a kérdésben egyszer csak megjelenik a válasz. Olyan, mintha hallanád. Csak megjelenik, mint egy belső hang. Ez az az érzés, ami maga a megérzés. Ennek lehetősége mindig ott van. Mindig veled van. Ez a belső hang – de te szólíthatod bárhogyan –, ami mindig segítségedre van. Akihez mindig fordulhatsz. Aki mindig több lépésedet látja előre, míg neked éppen elég csak egyet. Elég mindig csak a következőre figyelned. Annak megérzésére.

Ez a hang nem a kismanó a fejedben, aki ugyanazt ismételgeti. Az a „mi van, ha?" visszhangja.

Eddig ő volt a hangadó.

Ez a hang – a megérzés – egy kedves, csendes, nem utasítgató és nem parancsoló, inkább csak irányt mutató segítőd. Akivel mostantól elkezdhetsz egyre jobb kapcsolatot kialakítani. Hiszen mindig ott volt, és mindig arra várt, hogy figyelj rá.

Hogy megszólítsd.

Hogy meghalld.

Mi lenne, ha elhatároznád:
Mától figyelek a megérzésemre.

Tehát itt állok, életem ezen pontján. Egy kialakult élethelyzetben. Amiről ekkor még nem biztos, hogy el tudom fogadni, hogy én alakítottam – az én gondolataim eredménye. Nem biztos, hogy felfogom, hogy ha ezt az én gondolataim teremtették, akkor másképpen gondolva, mást is teremthetek.

Ez egy folyamat. A változtatás folyamata.
Legyél türelmes magaddal.
Nem fog életed végéig tartani. Nem kell felfeszítened minden emléket, csillogóra mosni a múltat. A megtörtént dolgokon nem tudsz változtatni. A leégett rétegeket nem muszáj levakarni a fazék aljáról, de ettől még főzhetsz benne finomat. Elég azokat a „dolgokat" megtalálnod, s elengedned, amelyek boldogságod útjában állnak.

Egyre inkább eltölthet annak jó érzése, hogy képes vagy szerető megértéssel gondolni azokra az emberekre, akikkel nem voltál mindig ilyen érzelmi viszonyban. Miközben egyre jobban érezheted, hogy a kapcsolat saját magaddal is lehet békésebb, barátságosabb, szeretetteljesebb.

Érzem, hogy egyre jobban érzem magam.

Milyen érzésre leltél e kép láttán?
Akár megjelenhetett valami könnyed mosoly is az arcodon. Mintha a lelked óhajtana felnevetni.

Mi lenne, ha most visszalapoznál az általad nemrég leírt három névhez, és közülük az első – amelyikre először pillantasz –, megkaphatná tőled.
Akár ki is színezheted.
Mi lenne, ha pár szép szót is írnál a kép hátoldalára? Néhány kedves mondatot.
Persze, meg is tarthatod, ha nagyon tetszik.
De nem túl nagy áldozat, igaz?

S mi lenne, ha másokra is ezzel az együttérzéssel gondolnál?
Irántuk is érezhetsz hasonlóan a szívedben.
Mintha azt mondanád:

Szeretettel üdvözöllek!

Persze nem fontos most.
Ha nem vagy még kész rá.
Visszalapozhatsz ide később.

Nyugodtan leteheted a könyvet.
Ülhetsz itt tovább.
Csendben.
S meglehet, a megfelelő szavak hamarosan megérkeznek.

De hát akkor ez mégis egy technika? Én kipróbáltam jó párat. Megteheted te is.
Némelyik nagyon jó szórakozásnak tűnt, és volt, amelyik nagyon jó időtöltésnek.
Volt, amelyik segített lebontani ezekből a hosszú és gyötrelmes munkával felépített falakból.
De rá kellett jönnöm, hogy utána ugyanitt tartottam. Ahol te most.

Nemrég döbbentem rá, hogy ez a könyv évek óta írja magát bennem. Időközben, néha, tetten értem. De nem voltam hajlandó elfogadni, hogy megszületése csak rajtam múlik. Csak én lehetek gátja, és csak én engedhetem meg magamnak, hogy megtörténjen. Igen, éreztem így sok pillanatban, amikor már egyre boldogabb voltam, és egyre többször mertem arra gondolni, hogy mi lenne, ha...!
Olykor már mertem folytatni ezt a mondatot, továbbgondolni ezt a képet, mint egy vágyálmot. Egyre ismerősebbé vált. Barátságosnak tűnt.
Egyre inkább eggyé váltam vele, mígnem el mertem hinni, hogy ez tényleg egy régi, elnyomott vágyam. Ami pedig életre kelti azt az önmagam, aki ezt szeretné megélni, megalkotni.
Akkor valójában ez mindig is én voltam, miközben kemény küszködéssel próbáltam valaki mássá válni? Különféle külső elvárásoknak megfelelve akartam valaki lenni, ahelyett, hogy egyszerűen hagytam volna magam önmagamnak lenni.

Igen, itt állsz most te is.
Ennek küszöbén.
Te vagy a *zár*, és kezedben a *kulcs*.

És ha úgy érzed, itt az ideje, mi lenne, ha kimondanád:
Szembenézek önmagammal.

Lehet, hogy valaki tudna neked egy többórás előadást tartani arról, hogy hogyan lehet leszokni az arcodon lévő pattanás vakargatásáról. Ez minden bizonnyal nagyon hasznos lenne. De biztos, hogy magadévá tennéd ezt a technikát? Biztos, hogy utána csak arra figyelnél? Lehet, hogy azután is csak kényszeres megszokásból *nem* vakargatnád az arcod? Vagy lehet, hogy a figyelmedet ugyanott tartanád, ugyanazon a pattanáson, és az ugyanúgy nőne tovább?

Mi lenne, ha te magad ismernéd meg önmagad? Ha már itt van ez a kapcsolat. Ha már itt van ez a lehetőség kapcsolódnod önmagaddal, azzal a belső hanggal. Mi lenne, ha végre tényleg elkezdenéd kialakítani ezt a barátságot? Mi lenne, hogyha ekkor nem a problémára irányítanád a figyelmedet, hanem hagynád megjelenni annak megoldását? De tényleg.

Akár egy másik szappant is kipróbálhatnál. Képzeld el, hogy így állsz, a gyönyörűen becsomagolt illatszerek polca előtt! Így, ahogy most vagy, itt, ebben a csendben, ebben a nyugalomban. Egyszerűen csak lélegzel. Mi lenne, ha nem kezdenél el a választás kényszerében mindent végignézni, egymás után, hanem vennél egy mély levegőt, és hagynád, hogy a kezed ahhoz a termékhez nyúljon, amelyikhez óhajt? Mernéd – igen, bátran, bízva önmagadban – levenni a polcról azt, amelyiket elsőként megláttad. Mondhatom ezt is megérzésnek? Egészen biztos lehetsz benne, hogy az.

Hiszen megtörténhetett veled már ehhez hasonló.
Még olyan is, hogy csörgött a telefonod, és azt mondtad a barátodnak: tudtam, hogy te fogsz hívni. Sok-sok ilyen megérzés lehetett már életedben. Talán olyan figyelmeztetésként, jelzésként érkezett el hozzád, amit akkor még nem voltál hajlandó meghallani, megérezni.

Ne is próbálj belegondolni, hogyha hagytad volna beengedni a megérzés segítő hangját, mennyi mindenre hatással lett volna életed filmjének forgatókönyvében!

Mert, ugye, nincsen *volna*?

Ha megengeded, hogy szorosabbá, bizalmasabbá váljon ez az együttműködés, attól fogva válik egyre izgalmasabbá, és egyben kiegyensúlyozottabbá az életed. Ha majd egy igazán fontos kérdés előtt állsz, és ennek az iránymutatásnak engedve hozol tökéletes döntést, akkor fogod meglátni, hogy milyen káprázatos lehetőségek nyílnak meg előtted.
Életed egyre könnyedebbé válik, és egyre csodálatosabb pillanatok követik egymást.
Lehet, hogy eleinte furcsa lesz néhány régi megszokásod elengedése. De amikor képes vagy rá, akkor teremtesz helyet valami újnak.

Életünk hosszú évei alatt rengeteg megszokást teszünk magunkévá. És ez is elég gyorsan megszokássá válik. Már gyermekkorban kezdődik, amikor az óvodában délben aludni kell, de te nem vagy álmos. Igazad van: muszáj volt lefeküdni, aztán előbb-utóbb megszoktad. Majd jött a többi kényszeres megszokás.
Pedig te legszívesebben egyetlenegy szokást vittél volna tovább: hogy mindig jól érezd magad.
Azt hiszed, ezt valahol elveszítetted?
Most is, ahogy bármikor, emlékezhetsz arra a gyermekre, aki voltál, és aki mélyen most is benned él. Mindig boldogan, önfeledt játékba merülve élvezte az élet minden pillanatát.
Igen, igen, sok mindent erőltettek rád. De most már mondhatod: elég. Nem kell tovább hagynod – megszokásból. Sőt, le is vetheted őket.
Vagy lehet, hogy megszokásból hibáztatsz másokat, mert elvették tőled azt az egyetlen, nagyszerű szokásodat? Mert elhitették veled, hogy az élet kemény, és nem játék? Így lenne?
Még az is lehet, hogy ezt az életed egy pontjához rögzítetted. Melyikhez? Amikor először munkába álltál? Amikor lett egy állásod? És akkor mindez megállt? Elapadt az örömnek ez a vég-

telen folyama, az önmagad szeretetének áradása, az a mindent betöltő és átható energia, ami vagy? Most azt mondod, hogy ez azóta is tart. Így tartod?
De hát akkor ez nem egy megszokás?

Mi lenne, ha elhinnéd, hogy változtathatsz is? Mi lenne, ha hajlandó lennél így tekinteni magadra, a saját életedre? Hajlandó lennél betekintést nyerni mindennapjaidba és azok megszokásaiba.
Észrevennéd, mi az, amit megszokásból csinálsz?

Mihelyst felismerted a megszokást – amit már egy jó ideje nem teszel szívesen, vagy azt látod, hogy nem szolgál téged, hogy nem teszi szebbé, jobbá mindennapjaidat, időt vagy energiát von el tőled –, már nincs szükség többé a folytatására, ismétlésére. Onnantól csak rajtad múlik, hogyan válik örömödre életed minden szabad perce.

Amikor jól érzed magad a környezetben, ahol vagy, és azt szívesen tartod tisztán, tehát éppen jókedvűen takarítasz az otthonodban, azt nem megszokásból teszed – az rendszeretet. Azzal minden rendben van. És minden mással is, amit örömmel végzel.
Azokat a megszokásokat vedd észre, találd meg, amelyek akadályoznak. Amelyekről úgy érzed, hogy kényszeresen, nem pedig jókedvvel teszed. Amelyek nem biztos, hogy mindig örömmel töltenek el.

Mi lenne, ha leírnál ezek közül néhányat?

Miért nem kapok technikát? Miért van már megint egy olyan oldal, ahova nekem kell írni? Olvasom ezt a könyvet, és már megint nekem kell bele írni?
Igen.
Mert különleges vagy. És ilyen formában egyedi. Ahogy mindannyian egyediek vagyunk.
Már csak ezért sem akarlak megváltoztatni.
És nem is arra kérlek, hogy változz meg. Nem.
Arra kérlek, hogy vedd észre: változtathatsz.
Vedd észre, mi az, ami pusztán egy megszokás!

Az én megszokásaimon én változtathatok.

Akkor ezt a technikát nem is kell keresnem, hiszen mindig is itt volt a kezemben!

Amikor sikerült felismernem és elengednem jó néhány megszokást, még nagyobb helyet teremtettem az életemben. És időt. Szabad időt. Hirtelen rengeteg időm lett. Rájöttem, menynyi mindent nem „kell csinálnom".
Mi mindenért nem tartozom felelősséggel!
Másoknak. Másokért.
Mindjárt jobban éreztem magam annak tudatában, hogy a legtöbb, amit tehetek magamért – és amivel felelősséggel tartozom magamnak minden pillanatban –, hogy a figyelmem elsősorban magamra fordítom. Arra, hogy hogyan érzem magam.

Lett időm elindulni gyalog. És hagyni, hogy megszólítson valaki. Lett időm beszélgetni vele.
Azt kérded: egy vadidegennel?
Nem, ekkor már nem volt annyira idegen és vad a külvilág. Ahogy nem feszült pattanásig minden húr bennem, kívül is békésebb lett minden. Barátságosabbá vált.
Ekkor már nem volt annyira fontos, hogy valaki legyek. Hogy megfeleljek mások elvárásainak.
Nem is tudom más szavakkal elmondani, mint hogy a szabadság érzése járt át. Még a szabadság szót is felszabadító érzés volt kimondani.

De még a szavakhoz se ragaszkodj! Éppen csak rámutatnak annak a valóságára, amit te is megérezhetsz magadban.
Amikor felmerül a kérdés: vajon tényleg mersz szabadon élni, vagy csak az illúzióját éled? Vagy még a szó is, hogy szabadság, félelmetes?
Mert az elme súlyos és felelősségteljes elméleteket gyártott róla.
Vajon kész vagy-e veled született szabadságod jogán betekinteni vágyaid birodalmába?
Hagyni álmaidat megszületni. Minden pillanatban megteremteni azt a jövőképet, amit a következő pillanatban is szívesen élnél.
Vajon tényleg azt akarod, amit csinálsz – minden pillanatban –, vagy csak annak illúziójában élsz, hogy te azt csinálsz, amit akarsz?

Hosszú idő után először volt időm magamra.
Először volt időm leülni. Csendben.
Megpihenni. Meditálni.
És elmélkedni.
Az élet nagy dolgairól.
Ahogy tettük azt régen.
Tinédzser korunkban. Talán utoljára.
Még nagy álmokat dédelgetve.
Amikor ezek az álmok még nem tűntek elérhetetlennek. Félelmek nélkül játszottak el gondolataink azok játékos teremtésével.

De az álmokról még ne is beszéljünk. Hiszen lehet, hogy először fog a felismerés megszületni benned is, hogy valami egyre inkább azt *súgja*: lehet másképp. Hogy az élet nem lehet egy szenvedés. Biztos, hogy nem azért vagyunk *itt*, hogy minden nap súlyos küzdelemmel járjon. Hogy olyan dolgokért kelljen harcolnunk, amire csak látszólag van szükségünk.

Először vettem észre, hogy mennyi minden csak úgy, magától megérkezett az életembe. Tulajdonképpen nem is kellett érte olyan sokat tenni! Újra volt időm elmélkedni a dolgok összefüggésein. Máshogyan. Új nézőpontból látni a történéseket. És először lettem figyelmes a megérzésekre, amelyek azt sugallták, hogy tényleg változtathatok. Újra mertem álmodozni, és olyan gondolatok is megszülettek bennem, mint nagyon régen. Olyan vágyakon is elmerengtem, amilyenekkel már régóta nem játszottam el. És jó érzés volt rájuk gondolni. Jó érzés volt azzal eltölteni az időt, hogy rájuk gondolok és beleélem magam.

Volt már úgy, hogy éppen csak felvillant előtted egy virág képe, és virágillatot éreztél?
Volt már úgy, hogy pillangóra gondoltál, és aztán nem sokkal később láttad megjelenni?
Mi lenne, ha elhinnéd?
Mi lenne, ha elhinnéd, hogy gondolatod teremtő erővel bír?
Minden gondolatom.

Voltál-e már úgy, hogy rá tudtál csodálkozni egy pillanatra?
Úgy, hogy igazán jelen voltál.
Mi lenne, ha megengednéd magadnak, hogy lásd: ilyen pillanatképek követik egymást?
Minden egyes jelen pillanat alkotja életed folyamát.
Mi lenne, ha mindig hagynád magad megérkezni ebbe a jelen pillanatba?
Mindig lehetsz itt.

Tulajdonképpen nem is lehetsz máshol.
Mindig itt vagy.
Itt és most.

Minden pillanatban érezheted a megérzésedet. Hiszen azért van ez a képességed. Mindig érezheted, hogy jól érzed magad. Hogy jól érzed-e magad a „bőrödben". Amikor nincs benned feszültség. Amikor érzed tested minden porcikájában az életteliséget. Minden sejted él és lüktet. Amikor érzed a teret magad körül, ahogy körülvesz. Mindennek érzed a vibrálását. Minden életteli és új. Friss.

Mi lenne, ha így csodálkoznál rá egy naplemente látványára? Vajon elmerengtél-e már abban a pillanatban, úgy, hogy csak nyugalom, csend, béke, szeretet voltál? Ahogyan ezek a szavak összefolynak egy érzéssé – hogy csak *vagy* ebben a jelen pillanatban. Vajon rácsodálkoztál-e már így a csillagos égre? Egy tiszta nyári estén. Érzékelted-e azok mozgását? Voltál-e már úgy, hogy simogatta a testedet a langyos szellő? Vagy hallottad-e már az őszi falevelek muzsikáját? Vajon rá tudtál-e már csodálkozni egy emberre, aki csak ül egy padon? Egy sokat megélt, idős ember. Vagy egy utcazenész, aki csak a zene öröméért játszik. A játék öröméért zenél.
Mi lenne, ha mindent így látnál?
Mindig.

Láttál már önfeledten táncolni egy kisgyereket?
Még gátlások, félelmek nélkül, a tánc fogalma nélkül.
Ő a gondolataiban már el tudta képzelni, hogy *az* tánc.
Az érzés.
Amivel egy vagy akkor.
Egy vagy a zenével. Egy vagy a mozdulattal.
Egy vagy a pillanattal.
Önmagaddal.

Mi lenne, ha ugyanígy táncolnál?
Mi lenne, ha most
– itt és most felállnál és táncolnál?
Nem kell, hogy elmenj, nem kell, hogy kiöltözz, nincs szükséged tömegre ahhoz, hogy jól szórakozz.
Érezheted magad itt és most remekül.
Lehetsz a tömegben is magányos, nem?
Akkor hát lehetsz itt és most önmagaddal, és minden jó érzéseddel együtt boldog!
Már hallhatod a füledben a kedvenc zenédet.
Megvan a dallama?
Dúdold, énekeld és táncolj! Most!
Énekeld el azt a dalt, ami benned játssza magát!
És táncolj!
Akár a tükörbe is nézhetsz közben.

Mi lenne, ha megengednéd magadnak, hogy szembenézz magaddal a tükörben?
Miközben táncolsz.
Mert gyönyörű vagy!
Egyedi és kivételes.
Ezt a táncot ebben a pillanatban csak te tudod így eltáncolni.
Táncold el életed táncát!

Itt és most.
Énekeld! Hangosan.
Itt és most!
Ez a te pillanatod.

És csak élvezd, ahogy mozogsz.
Élvezd a mozgás örömét!
Dobd le a könyvet, és táncolj!
Táncolj, táncolj, táncolj!

Mondd! Mondd, hogy a tükörbe pillantottál, és szembenéztél azzal a ragyogó szempárral!
Mondd, hogy így volt!
És mondd, hogy egyedinek láttad!
Mondd, hogy érezted a különlegességét!
Mondd, hogy érezted, hogy különleges vagy, ahogy táncolsz!
Ahogy azt a táncot csak te táncolhattad el.
Mondd, hogy jó volt látni ezt a boldog lelket!
Igen, így mondom, hiszen te is hallottad már: „a szem a lélek tükre".
És ha jó volt látni, akkor mi lenne, ha máskor is így tennél?
Ahányszor csak teheted.
Miért ne tehetnéd meg bármikor, hogy ugyanilyen mélyen a szemedbe nézel a tükörben?
Szemtől-szemben – szeretettel – szemeznél magaddal.
Azzal, aki igazán vagy.
Emlékezz!

Mi lenne, ha elfogadnád azt az önmagad?
Mi lenne, ha megszeretnéd?

Elfogadom magam.

Jusson eszedbe: ugyanígy mindenki más egyedi és különleges! De amíg saját magadra nem tudsz így tekinteni, addig hogyan tudnád elfogadni ezt bárki másban? Az ő különlegessége hogyan érinthetne meg téged? Amíg te nem tettél rendet magadban, ha otthonodat nem takarítottad ki, hogyan tudnád nagyra becsülni azt a tisztaságot másban – más otthonában? Hogyan szeretnéd addig megjavítani, meggyógyítani, megszerelni a kapcsolataidat, amíg nem tekintesz magadra így, ilyen megengedőn, elismerőn? Szeretettel.

Igen, megengedve magadnak mindazt a vágyat, amire régóta vágyakozol. Összehangolódva azzal az önmagaddal, aki mindig is akartál lenni. És akkor ezzel összhangban fognak megjelenni a külvilágodban minden vágyad alkotórészei.
Még a teremtőtársaid is rád találnak.
Ezzel a kapcsolódással, és csakis ezzel tudod tapasztalatodba hívni azokat, akikkel egy a vágyad, akikkel hasonlóan érzel – egy a rezgésed, ahogy ők is veled. Egymásra találtok.
Amikor ezt a szenvedélyes szeretetet mélyen, legbelül érzed magadban, akkor mindenki másban érzékelni fogod, meg fog találni.
Mert „ott és úgy" mindannyian egyek vagyunk.
És a szeretet felismeri önmagát. Óhajt kapcsolódni. Eggyé válni.
Minden pillanatban.

Ugye ismerős volt, akit láttál a tükörben?
Nem lehet, hogy ezt a képet, a saját elismerő, magasztaló tekintetedet kerested gyerekkorod óta?

Az a gyermek, aki voltál, végtelen szeretettel nézett a felnőttekre. Ahogy a gyermekek tekintenek rád ma. De az, aki veled volt végig, aki téged teljes valóságodban, minden hibáddal, tévedéseddel együtt elfogad, és végtelenül szeret, az a benned élő gyermek. Akinek tekintetével szembenéztél.

Az az ítéletmentes, ártatlan, tiszta lelked.

És ő visszanéz rád tisztelettel.

Gyengéden. Megértőn.

Játékos mosolya mögött földöntúli hitet látsz.

Hitet benned. Hitet a varázserődben.

A gyógyító erődben.

A benned lévő szeretetben, ami vagy.

Ami végső soron, mélyen belül, mindannyian vagyunk: tiszta szeretet.

Ez a gyermek mindig ott volt veled. A neheztelő, ítélkező gondolataid mögött, súgva, csendben szólongatott. Játékra hívott. El is bújt előled, hogy keresd meg. És most megtaláltad. A közös álmok álmodóját. Érezheted, ahogy megtorpan a veszély láttán. De láthatod azt is, hogy a kíváncsiság hajtja oda, ahol a te szemed már régóta semmit sem látott. Ahol az üres lapok, üres terek csak arra várnak, hogy színekkel töltsd fel. Illatokkal, hangokkal és formákkal népesítsd be.

Ahogy a megérzéseid vezettek el hozzá, úgy vezetnek el érzéseid a vágyaid felé.
A megérzéseid segítenek egy lenni vele.
És ebben az egységben sosem lesz képes téged máshogy látni, mint teljes egészet.
Örök és mindenható.
Ő sosem hagyja elfelejtened, amire most emlékeztetted magadat.
Nem vagy egyedül.
Látod?
Sosem lehetsz magányos.

Valójában mindig egyek voltatok.

Amikor már éreztem, hogy ez a könyv általam óhajt megszületni, amikor már mertem hinni, hogy ez lehet így, egy utolsó kérdéssé sűrűsödött minden gátlásom: tényleg csak rajtam múlna? Csak azon a végső elhatározáson, hogy kész vagyok rálépni erre az útra?
És kimondtam:
Kész vagyok rá.

És egyszer csak fantasztikusnak tűnő gyorsasággal, olyan nem-véletlenek kezdtek történni körülöttem, amelyek mind a megvalósulást segítették elő. Felbukkant az életemben egy ember. Egy teremtő-társ. Akivel ugyanaz volt a vágyunk – azonnal kiderült, hogy együtt kell írnunk.

Egy kávézóban találkoztunk, harmadszor ebben az életünkben. És csendesen, végtelen szerénységgel mondta: nem ismer senkit, aki nála gyorsabban gépelne. Egy muzeális laptop volt előtte, melyen a betűk már épp, hogy csak látszódtak, és úgy csinált, mint aki gépel. De nemcsak, hogy gépelt – eggyé vált a klaviatúrával, számomra addig elképzelhetetlen sebességgel jegyezte le a szavakat. Mint egy zongorista. Láthatóan szerette azt az öreg készüléket. Feltűnő volt, hogy a múltbeli félelmeink hasonlóan akadályozták, hogy az alkotásnak ebben a formában teret engedjünk.
De az ekkor tudatosan felismert félelmek helyét lelkesedés töltötte ki. Egyre izgalmasabb volt türelmesnek lenni. Minden gondolatunk egybecsengett.

Első dolgunk volt sikerre ítélni a könyvet. Igen. Tudtuk, hogy sikerül. Sikerül véghez vinni.
Leírtuk a könyv címét. Le volt gépelve három szó. Gondolatban már volt borítója, láttuk a színárnyalatát.

Igen, végül mindig csak ennyin múlik: az első lépésen.
Látod, hogy nem sok kell hozzá?
Hogy neked is sikerüljön.

A könyv már írta saját magát – bennünk.
Annak teremtése már megállíthatatlanul zajlott. Nem kellett megfogadnunk, hogy életünk árán is végigcsináljuk, hanem azt kellett leszögeznünk, hogy amikor elkezdjük, hagyjuk *magától* történni.
És az, hogy pillanatról pillanatra minden kibontakozott, és minden körülmény segítségünkre volt, óriási lelkesedéssel töltött el mindkettőnket. Éreztük, sőt, ekkor már tudtuk: elég, ha hagyod, ha elő mered hívni, ami már régóta sorban áll vágyaid között, hogy megvalósulását élvezettel, könnyedén megtapasztald.

Igen, csak rajtad múlik.
Sikerül bármit elérned.
Sikerre vinned minden vágyad.
Most már te is érezheted.
Csak a döntéseden múlik. Hogy elindulj sikered felé.

Mi lenne, ha csak azt mondanád:
Kész vagyok rá, hogy csodálatos dolgok történjenek velem.

De hát miért ne sikerülhetne neked is?
És nem, most nem kérlek arra, hogy keress meg és sorolj fel minden indokot, kifogást.
És véletlenül se írd le! Ne is ismételgesd tovább!

Mert ugye nem akarod azt mondani, hogy nem tudtál ordítani egyet? Hogy nem jött ki hang a torkodon. Hogy nem sikerült táncolnod. Hogy nem sikerült felállnod és mozognod.
Mondd, hogy még énekeltél is, és a kezed úgy állt, mintha mikrofont tartana! Mondd, hogy olyan hangosan énekeltél, hogy még a szomszédod is kedvet kapott!

Minden pillanatban így táncolhatod el életed táncát.
Ugye, érezted a kirobbanó életerőt?
Azt a szabadságot, ami felszínre tört.
Emlékezz!

Szabadságom senki nem veheti el tőlem.

Csak emlékezz a pillanatra, amit megéltél tánc közben! És mondd el, kérlek, súgd meg, hogy még egy mosoly is megjelent az arcodon!
Ugye, láttad a mosolyt a tükörben?
Ugye, belenéztél?

Mi lenne, ha így néznél a tükörbe – mindig – a szemedbe...

*Igaz, hogy a pillanat, amikor tisztán nézel a saját szemedbe, mindennél felszabadítóbb? Érzed a jelentőségét? Méltó arra, hogy megállj, és kimondd:
Minden úgy állt össze mögöttem, hogy ezt a jelen pillanatot létrehozza. Éppen akkora erővel tört fel bennem a sorsom visszahódításának győzelmi éneke, amekkora erővel eddig visszatartottam magam.*

… és így tekintenél magadra.
Szeretettel köszöntöm önmagam.

Szeress magadba!
Igen, minden nap.
Mert ha így üdvözlöd magad, egyre nagyobb önbecsüléssel, jókedvvel és szeretettel, meglátod, ugyanígy fog visszamosolyogni a külvilágod is.
A szeretet ugyanígy fog visszatükröződni.
Mindegy, hogy kivel, mindegy, hogy mikor, de ugyanígy szembenézhetsz bárkivel, bármikor.
Nem biztos, hogy mindenki kész lesz rá, de azok nem is fogják keresni ezt a tekintetet.
Még ha a szívükben érzik is, ők is ezt vágyják, ezt keresik.
Azt az őszinte kapcsolódást, amiben minden pillanat teljes.
Szeretetteljes.

Egy barátomnál voltam, és a nála jóval fiatalabb élettársával beszélgettem az erkélyen állva.
Régóta együtt éltek, de a lány esetében inkább azt mondanám, hogy tengette az életét. Vegetált. Amin a kedélyfokozó szerek sem segítettek. Anélkül, hogy a részletekbe belemennék, elfogadom, hogy bizonyos szempontból ez is élet. De tényleg az lenne?

Ez is csak egy kérdés – amit te is feltehetsz magadnak.
Tényleg éled az életet, vagy csak vegetálsz?
Tényleg hagyod, hogy az élet élje magát rajtad keresztül, vagy megfeszülve küzdesz? Minden napod hasonlóan egyformának tűnik? Képes lennél azt mondani, hogy veled semmi sem történik?
De valami akkor is ott van, valami megjelenik.
Még ha mindent megteszel ellene, akkor is.
Valami igyekszik kicsírázni – mindannyiunkban –, ahogy ebben a lányban is.

Nos, a lány elkezdett díszhalakkal foglalkozni. A halak természetesen elkezdtek szaporodni. És kiderült, hogy el lehet adni. Nem túl nagy összegért, de van rá igény. Még az érte kapott pénznél is nagyobb boldogsággal mesélt arról, milyen örömöt látott az eladott halak új tulajdonosainak szemében.

Tehát valami mégiscsak felvillan abból az isteni szikrából, ami te is vagy. Ami mindannyian vagyunk.
Csak valahol elfelejtettük, valahol elfelejtette. Elfelejtett emlékezni igaz valójára. Annak érző, gondolati teremtőerejére.
Megélte annak örömét, hogy anyagi javakat teremt, és még nagyobb jelentőséggel bírt, hogy foglalkozik valamivel.
Hát nem csodálatos, milyen kevés is elég ahhoz, hogy elfoglaltságod boldogsággal töltsön el?

Hiszen amit jó érzéssel teszel, azt már gondolatban jó érzéssel töltötted fel.

De ez a boldogság még csak pillanatokra nyitott rést a megszokások, félelmek, gátlások burkán.
Megkérdeztem tőle, mire vágyik igazán.
A lány hosszú csend után azt mondta: jó lenne ide, az erkélyre egy szék. Egy igazán kényelmes szék. Akkor most már van egy célod, amire gyűjtesz – feleltem –, amit te teremtesz.
Csak egy tárgy képe villant fel, és csak egy pillanatra. Mert rögtön egy másik vágyképpel folytatta: lehet, hogy jobb lenne egy szemöldöktetoválás.
Ki tudja, mi minden került volna még szóba, ha nem teszem fel a kérdést: biztos, hogy erre vágysz?

Mi lenne, ha még egyszer átgondolnád?
Mi lenne, ha tényleg beleéreznél, hogy jobb lenne-e egy szemöldöktetoválás?
Ha közben nem próbálnád azt érezni, hogy jobb lenne egy szék.
Mi lenne, ha nem erőltetnéd egyiket sem?
Mi lenne, ha azt éreznéd, és nemcsak próbálnád érezni, hogy benne ülsz ebben a székben? Mennyire kényelmes? Milyen a formája? Milyen a színe?
Tőlem ülhetsz ebben a székben tetovált szemöldökkel is, ha azt tényleg magadért teszed, és nem azért, hogy a külvilág azt mondja: szép vagy.

De mi lenne, ha anélkül is szépnek látnád magad? Tökéletesnek. És ezzel együtt is, sőt, annál inkább megjelenhet benned a vágy erre a székre, hogy még kényelmesebben, még jobban érezd magad – benne ülve. Amiben szívesen töltöd az idődet a teraszon, egy ilyen szép, őszi estén, a csillagos eget nézve.
Ez csak rólad szól. Csak téged látlak ebben a képben. Boldogan.
A magad kényelméért teremtsd meg!
A saját örömödre. Ne más okért.
Ne azért, hogy a barátaid megdicsérjenek.

Ne azért, hogy másoknak megfelelj.
Még az is lehet, hogy az a szék csak neked lesz kényelmes.
Semmi más, rajtad kívül álló okra nincs szükséged ahhoz, hogy jól érezd magad.

Viszont bármikor elképzelhetsz egy még nagyobb otthont, ahol elfér egy zongora – ha zongorázni van kedved. Mert a dallam, amit hallasz magadban, meg akar nyilvánulni rajtad keresztül. És ha ezzel az érzéssel összehangolódsz, akkor az nem csupán egy nagyobb ház illúziója, ami nagyobb gond-terhekkel járna, hanem egy másik életminőség megteremtése. Ami teret ad vágyaidnak, és mindannak, ami te vagy.
De előbb képzeld el pontosan!
Érezd bele magad. Ahogyan ülsz és zongorázol – abban a tágas nappaliban.
Mi lenne, ha egészen pontosan elképzelnéd?
Mi lenne, ha kiszíneznéd ezt a képet?
Ha elhinnéd: azért vagy itt, hogy ezt te színezd ki.
És a szivárvány minden színe a rendelkezésedre áll.
Képzeld el egészen pontosan, és benne magadat is!
Zongorázva, énekelve, táncolva.
Vagy ahogy ezen az erkélyen ülsz, de már nagyon kényelmesen
– a székben –,
nagyon jó érzéssel,
nagyon nyugodtan,
nagyon boldogan.
Megelégedetten.
Önmagaddal, azzal, ahogy vagy.
És persze a székkel is.
De ekkor ő már csak egy eszköz, egy tárgy.
Nem a boldogságod forrása.
Az maga, te vagy.

A boldogság forrása magam vagyok.

Képzeld el, mire vágysz! Amire igazán vágysz.
Nem azt, amire szükséged van, nem, amiből látszólag hiányt szenvedsz, hanem amire igazán vágysz.
Mi lenne, ha valóban elképzelnéd?

Amikor ezt a széket tökéletesen el tudod képzelni, akkor már hamarosan itt a pillanat, hogy a valóságban is rád talál. A számodra éppen megfelelő.
És, hidd el, már most elérhető közelségben van hozzád. Csak észre kell venned. Még az is lehet, hogy ott fog felbukkanni, ahol soha nem keresnéd.

Csak figyelj!
Legyél nyitott!
Ne csak kifelé, befelé is.
Legyél nyitott a belső hangodra, mert segít!
Vezet téged és irányt mutat.
Ennél jobban – bármi áron – nem kell akarnod. Egyszerűen hagyd megérkezni.
Ugyanígy nem kell akarnod rögtön azt a nagyobb otthont sem, ahol majd a szék egy még tágasabb térbe kerülhet.
Engedd ezt a folyamatot is magától történni.
Ha a részleteit egyre tisztábban látod, és már otthon érzed magad benne, akkor az a vágyad is ugyanilyen gyorsan fog teljesülni.
Csak érezd!
Csak képzeld el!
Pontosan, színesen, háromdimenziósan.
És kérlek, ne mondd azt, hogy ez csak egy szék, az pedig egy ház!
Csak engedd, hogy fantáziád lendületbe jöjjön!
Amikor a gondolataid képesek szárnyalni, amikor már ebben a kiváló székben ülve képzeled el ezt a gyönyörű otthont, akkor egészen biztos lehetsz benne, hogy hamarosan egymásra találtok.

Az is lehet, hogy te „csak" egy háromszobás lakásban élsz a pároddal, szeretettel gondolva gyermeketekre, aki már saját életét éli. Meglehet, hogy nincs is szükség három szobára. Akkor miért ne képzelhetnél el egy aranyos kis fészket? (Kétszobásat.)
Miért ne?
Ez is csak rajtad múlik.
Hát ez nem teremtés?
Hiszen megteremted annak lehetőségét, hogy a különbözetből további vágyaidnak adhass teret. Máris kevesebb dolgod van ezzel az új otthonnal, ahol még otthonosabban érezhetitek magatokat. Egymást.

Talán feltetted a kérdést ötvenhárom oldallal korábban, hogy hány napig ültem ott az üres lakás közepén. Természetesen az már maga a folyamat volt. Már elindultam. Egy másik helyszín, egy másik otthon, egy természetközelibb környezet felé. Ahol később rengeteg élménnyel és tapasztalattal lettem gazdagabb.
De bármilyen szép is volt a megteremtett, új körülmény, végül nem tudtam teljesen összehangolódni vele. Nem vált otthonommá. Így hát magam mögött hagytam.
A kialakult helyzet egyben arra is figyelmeztetett, hogy mások visszafojtott álmaival próbálok azonosulni. Ezért elhagytam minden olyan vágyképet is, ami nem biztos, hogy az enyém volt.
Bármennyire is fájó lehet egy ilyen felismerés, azonnal tudatába kerülhetsz, hogy egyben új kapukat nyit meg egy még teljesebb önmagad felé.

Mindig változtathatok életemen.

Hiszen arról, ahol most vagy, legalább már annyit tudsz, hogy nem teljesen megfelelő számodra úgy, ahogy van.
Saját megtapasztalásodból döntheted el, hogy arra vágysz-e, abban érzed-e jól magad, ahol vagy.
Vagy továbblépsz.
Egy pillanatig se foglalkozz azzal, hogy „mi lett volna, ha...".
De attól még, hogy elfogadtad a jelen helyzetet, engedj megérzésednek: életkörülményem inkább gátja boldogságomnak, mintsem szolgálja azt.
És ekkor van lehetőséged elengedni a fantáziádat, és elképzelni, hogy „milyen lenne ha..."

És közben miért ne érezhetnél hálát?

Ebben a jelen pillanatban is.
Hát nem éppen a jelen körülményeknek köszönhetően képzelheted el élethelyzeted egy még tökéletesebb változatát?
És elindulhatsz felé.
Feltéve, ha nem ragaszkodsz, nem ragadsz bele a helyzetbe. Ha hagyod teremtésedet lendületbe jönni. Vajon milyen lenne, ha? Mi lenne, ha olyan lenne? Mi lenne, ha…

Ha a sorok olvasása közben úgy érzed, megnyílik benned valami, kérlek, ne hagyd, hogy az elméd által – megszokásból – gyártott kifogások azonnal visszazárják!

Ne mondd, hogy te már túl öreg vagy ehhez!
Ne mondd, hogy erre te nem vagy képes!
Hogy nem vagy képes változtatni - elengedni valamit abból, amihez kényszeresen, megszokásból ragaszkodsz. Hogy képtelen vagy tovább lépni.
Hát ez nem lustaság?
Ez a ház is csak egy szék.
Csak látszólag nagyobb feladat az elengedése - megengedése. Minden megengedés új lehetőségeket nyit meg benned és előtted. Minden elengedés egyben a szabadságod kiteljesedése. Hogy életed újra és újra élettel teli legyen.

Akkor meg kell tanulnom újra vágyni? - tette fel valaki nekem harminchárom évesen ezt a kérdést. Nos, a vágyakról és a tanulásról annyit: hogyan tudnád megtanulni? Mikor és ki által lenne lehetséges?
Emlékezni tudsz..., hogy képes vagy rá.
Emlékezz!
Születésedtől fogva. Egészen pici korod óta. Képes vagy folyamatosan vágyakozni, és ezért képes vagy vágyaidat folyamatosan megálmodni. Álmodozni róluk.
Bár mondják: „Te csak álmodozol. Ne csak álmodozzál! Az élet nehéz, és tenni kell a dolgokért."
Te is érzed ennek hamisságát?
Eltérít annak igazságától, ami vagy: az a végtelen és teremtő, érző lény és gondolati tudat, a tudás tudója, akinek gondolatai és érzelmei, álmai képesek megvalósítani vágyait. Mindezt akkor és csak akkor, ha abban a fellelkesült állapotban álmodozol, ahol már annak gondolata -, a vágynak az érzése,

az álomnak már az álmodása – is ugyanazzal a boldogsággal tölt el, mintha azt már életed részeként, a fizikai valóságában tapasztalnád.

Ebből a szeretetteljes, megengedő állapotból van igazán lehetőséged csodálatosat teremteni. Ekkor nyílik meg számodra minden lehetőséged kapuja.

Nem abból a hiányérzetből, amiben talán, olykor, te is szűkölködtél. Ne lepődj meg, ha magadat a hiányérzet állapotában tartva valós, vagy annak vélt szükségleteid pótlására továbbra sem lesz alkalmad.

Ahogyan olvasod ezeket a mondatokat, megnyugvással töltenek el. Érzed, hogy e szavak olyanok, mintha belőled íródtak volna ki. Már nem olvasnád őket, ha valami nem rezonálna benned arra, hogy ez így van. Ez így van rendben.

Mi lenne, ha egy vágyadra gondolnál?
Csak egyre.
Ráirányítva a figyelmed.
Arra az egyetlenegy vágyra...
Csak arra, ami most megjelent gondolatodban.
Arra az egy képre, amit ezeknek a szavaknak a forrásából eredően, most tisztán láthatsz. Érezhetsz. Csak érezd!
És ekkor szabadjára engeded a képzeleted,
– máris elkezdesz róla álmodozni.
Elkezded kiszínezni.
A végsőkig.
Érezni minden érzését annak a vágynak.
Vágyálmod minden részletét, minden színét, illatát, ízét.
Érzem.

De csak ennyit.
Ennél többet ne akarj.
Akarni ne akarj. Ne akard tudni, hogy pontosan hogyan, vagy mikor. Ha számodra fontos a hol, akkor ne akard tudni, hogy mikor. Azt ne akard eltervezni. Azt is csak hagyd megérkezni. Meg fog érkezni.
Az lesz maga a megérzés. Az az intuíció, amelyik a következő – egyébként egyetlen – lépésre fog buzdítani. Mert mindig csak ez az egy lépés számít. Az az egy lépés. Aztán a következő. És a következő. Mindig csak akkor, abban az egy pillanatban, egy lépés. Ami megint eggyel közelebb hozza vágyaid megvalósulását. Miközben egyre és egyre nagyobb örömmel tölt el annak gondolata, annak tiszta tudása, hogy az már most van, az már most létezik.
Mi lenne, ha elhinnéd? Csak egy pillanatra.
Ne nekem. Magadnak.

Magadnak hinnéd el, hogy lehet benne igaz hited. Ekkor már nem csak azt gondolod, hanem hiszel benne.

S mi lenne, ha kijelentenéd?
Meggyőződéssel, hangosan kimondanád:
Tudom. Annyira érzem, hogy tudom.
Képes vagyok vágyamat át- és megélni.
Kinyitom az ajtót előtte. Még kopognia sem kell.
Bármikor jöhet.

Ugye nem mondod, hogy te erre képtelen vagy! Hogy nincs szükséged semmire.
De hát akkor a te életed teljes és tökéletes. Boldogságban éled minden perced.
Vagy nem?

Egyszer el tudtam ezt hinni egy hajléktalannak, aki szent meggyőződéssel beszélt arról, hogy minden nap egy csoda. Hogy minden nap más és más. És az újdonság varázsával tudott tekinteni mindenre, ami körülötte van. Vagy az ő vágya ennyi lenne?
Boldogan figyelte a pillanatok változékonyságát, és azok elszórakoztatták őt.
De biztos, hogy így van a te mindennapjaidban is? Vagy csak elfelejtettél már – nem vagy hajlandó – kapcsolódni azzal az önmagaddal, aki ennél sokkal többre hivatott, aki még sok színes, változatos új élményt és kihívást kíván megélni?
Emlékezz!

Láttad már a Teliholdat félig a felhő mögött? Ahogy a szemed látja az egész képet, úgy a tudatod átfogja az egészet. Érzed a Teliholdat. Szinte látod a felhők mögött a formáját. S már-már szebbnek találod a felhőket, ahogy a Hold megvilágítja őket.
A lélegzeted is eláll ebben a pillanatban.
Eggyé válsz ezzel a gyönyörű, leírhatatlan látvánnyal. Befogadod az élményt. Ami minden pillanatban változik. Tovább rajzolja önmagát. Olyan valóságos, mintha csak álmodnád.

Te vagy az álmod, és az álom álmodója.

Egy gyermekét otthon nevelő, fiatal lánnyal beszélgettem – amennyit a déli alvási idő engedett. Tudtam róla, hogy építészetet tanult. Tudtam, hogy volt alkalma megismerni egy mediterrán ország kultúráját, és az ottani emberek képzelőereje, az általuk emelt épületek stílusa tovább szélesítette fantáziáját. Azt is tudtam róla, hogy édesapja egy még távolabbi országból származik.

Fiatal kora ellenére nagy tapasztalattal rendelkezett: három ország építészeti stílusának hatása dolgozott benne elevenen. Nagyrabecsüléssel említette, hogy férje egy fantasztikus ember. És az is elhangzott, hogy akár egy második gyerek is jöhetne. De az idilli kép ellenére nem azt éreztem, hogy tényleg így lenne – vágyaiban. Álmaiban. Engem akkor nem tudott volna meggyőzni. Nem úgy tűnt, mint aki saját magát is megajándékozná önzetlen szeretettel.

Viszont azonnal rábíztam volna egy gyönyörű kis tengerparti ház megtervezését. Mert úgy láttam őt, hogyha szabadon szárnyalhat fantáziája, különlegesebb romantikus villát senki sem tudna megálmodni. Tudtam, hogy képes rá, ő nemcsak tanulta ezt a szakmát, hanem erre született. Szinte hallani lehetett, ahogy zajlik benne.

Hogy ki akar nyílni. Ki akar törni.

Igen, ilyenkor sokkal nagyobb erő kell ellenállni teremtésed vágyának, mint, hogy szabadjára engedd örvényét, hogy aztán az valóra váltsa minden álmod. Csak most, egy kis időre elfelejtette, hogy képes rá. Képes nagyot álmodni.

Te is képes vagy rá.
Egészen biztos lehetsz benne.
Képes vagy óriásit álmodni.
Hiszen ezt te is tudod!
Még az a kérdés sem lehet kérdés, hogy mi lenne, ha hangosan kimondanád:
Képes vagyok hatalmasat álmodni!

Emlékezz!
Most is képes vagy rá.

Vajon észrevetted már, hogy egyre több nő van, akinek nem biztos, hogy az az álma, hogy minél több gyermeket hozzon világra? Minden bizonnyal más vágyakkal jöttek. Hallottam már úgy is: más feladattal. És vannak olyanok, akik életük teljében, következő kapcsolataikban, új partnerükkel újra vállalnak gyermeket.
Vajon te is észrevetted, hogy ugyanígy egyre több férfi van, akikkel együtt maradnak a gyermekeik válás után?
Valószínűleg ezek a férfiak szerették volna megélni ezt az oldalukat, nagyobb teret adni ennek a részüknek.
Mi lenne, ha elhinnéd – ha el tudnád fogadni –, hogy ők valójában mind erre vágytak, ezt akarták megtapasztalni?
Igen, mi lenne, ha egy pillanatra elképzelnéd még azt is, ami eddig elképzelhetetlennek tűnt?

Persze nem mondom, hogy ne legyen gyermeked. De mi lenne, ha egy napon arra ébrednél, hogy éppen azzal a tervvel jöttél, hogy örökbe fogadj valakit?
Mi lenne, ha ez az álmod egyre konkrétabbá válna? Mi lenne, ha egyszer tisztán éreznéd – ha elhinnéd –, hogy ez a szíved vágya? Hiszen észreveheted azt is, hogy erre egyre több lehetőség van ma már. Még ez az „elképzelhetetlennek tűnő" példa is mutatja: a két oldal, a vágyad, és annak megvalósulása ilyen egyszerűen talál egymásra.

Akkor minden vágyam lehetősége ugyanígy mutatkozhat meg?

Mi lenne, ha így lenne?
Hogy szíved vágya az, hogy ilyen formán is eggyé válj a feltétlen szeretet megtapasztalásával.
Amire mindannyian vágyunk. Ami egy közös álmunk. Ami mélyen belül mindannyian vagyunk.

Biztos hallottad már, ahogy sokan, sokféleképpen próbálják definiálni e három szóból alkotott fogalmat: *feltétel nélküli szeretet.* Pedig érezheted, hogy olykor – ahogy ezen a ponton is –, elfogynak a szavak.

Maga a szeretet hogyan is lenne meghatározható? Hogy mi nem az, arról még talán lehet beszélni – bár nem érdemes. De, hogy mi AZ?
Elég, ha érzed.
Azt érezheted.
Csak érezd!
Mindig.

De hiszen láthatod is! Csak nézz újra a gyerekekre! Mind mások. Mindannyian mással vannak elfoglalva. Még ha egy homokozóban vannak is. Más gondolataik, más ötleteik vannak, mást szeretnének alkotni. Megteremteni. Mindig új élményeket megélni, hogy azoknak ízét, illatát, tapintását, formáját megtapasztalják. Ez a különbség megvan bennük, mégis képesek kapcsolódni. A játék hevében ez a szeretetteljes kapcsolódás, a teljes elfogadásnak köszönhetően természetesen létrejön. Felismeri önmagát. Egymás különbözőségében felismerik egymás egyéniségét – elismerik egymást.

Mindannyian különbözőek vagyunk.
Miért kéne, hogy egyformák legyünk?
Nem gondolod, hogy unalmas lenne a világ?
Miért kéne, hogy megpróbálj bárkit megváltoztatni, saját képedre formálni?
Elég, ha elképzeled, hogy létezik hozzád hasonló. Akivel összeérnek gondolataid, mint ahogy a lelketek összeér. Akivel teljesen egy lehetsz, akivel teljes egységet alkotva élhettek. Szeretetben. Szeretetteljes egységben.
Ha akarod, elolvashatsz még sok könyvet a kapcsolatokról, de elég, ha elképzeled, hogy van ilyen. Ő létezik. És szembejöhet veled – bármelyik pillanatban.

Tehát azt mondjátok, hogy a feltétel nélküli szeretet az, hogy tudom, mindenki más? Elfogadom mások különbözőségét, és szerethetem mások egyéniségét, úgy, ahogyan szerethetem magamat is? Teljesen elfogadva magam, minden egyediségemmel és különlegességemmel? Annak tudatában, hogy összehangolódhatok egy olyan társsal, akit én álmodtam meg hozzám hasonlónak? Tudatában lehetek, hogy ugyanígy már most létezik minden álmomnak minden összetevője? Tehát most azt akarjátok mondani, hogy nem kell megváltoztatnom senkit, nem kell megfelelnem senkinek, és mégis élhetek úgy, ahogy szeretném?

Mi lenne, ha most is a megérzéseidre hagyatkoznál? Hát nem igaz, hogy a tudás tudójaként te is így érzel a szívedben?

Mi lenne, ha éreznéd – most, itt – hogy már *kész* van a számodra egy *hely*, egy *tér*, ahol ugyanolyan teljes boldogságban létezel, mint amikor vágyaiddal eggyé válsz?
Amiről tudod, hogy te hozod létre a vágyaid gondolatával.
A megengedéssel.
Te engeded meg, hogy úgy összehangolódj a körülötted lévő világgal, a körülötted lévő emberekkel és önmagaddal, hogy végül semmi sem lehet gátja, hogy az álmod minden részletre kiterjedve elkészüljön.

Szeretettel fogadom.

Legyél éber!
Legyél nyitott és éber!
Legyél figyelmes!
Legyél csendes!
Figyelj!
Csendben.

Türelmesen.

Amikor már érzed vágyad tárgyát, amikor már megkapod a jeleket, amikor már látod magad előtt az utat, amikor már majdnem ráléptél – tulajdonképpen az egyik lábaddal már rajta vagy –, akkor minden megjelenhet a múltadból. Még egyszer minden félelmedet átélheted. Kénytelen vagyok említést tenni erről. De egy pillanatig sem muszáj rajta tartanod a figyelmedet.

Egy napon rádöbbentem, hogy rengeteg helyen jártam már a világban, talán még csak olyan tengerparton nem, ahol igazán fehér a homok. Úgy döntöttem, felhívom egy barátomat, akivel egyszerre történt bennünk, szinte egyik napról a másikra, valami végtelen kegyelemnek köszönhetően, óriási változás. Egy év után is olyan volt, mintha egy napja hallottuk volna egymás hangját. Anélkül, hogy számítottam volna bármilyen reakcióra, megkérdeztem: mi lenne, ha elmennénk Zanzibár szigetére?
Egy kérdéssel felelt:
– Hol is van az?
Mivel a számítógép előtt ült, mire kimondtam, hogy Afrika partjainál, Tanzánia mellett, végtelen örömmel nyugtázta – percekig boldog volt pusztán attól, hogy az internet kiadta –, hogy tizenegyezer-hétszázhetvenkét kilométerre van tőlünk. És amikor ujjongása csillapodott, még egy kérdést feltett: mi lenne, ha elindulnánk autóval? Addigra felfogta, hogy a távolság mellett az is ott van, hogy ez hány óra lenne. Ha nem alszunk, valamivel kevesebb, mint egy hét alatt oda is értünk volna. Igen, tudtam, hogy ez az ember megteheti, hogy azonnal kifizet egy repülőjegyet. Talán ezért kellett felhívnom: látni, hogy van, amit még én sem tudok elképzelni. Micsoda ötlet – autóval elindulni! Akár nekem is eszembe juthatott volna.

Tudtam, hogy azonnal megteheti, hogy elindul.
Mert, ahogy felmerül egy ilyen lehetőség, és annak gondolata jó érzéssel tölti el, képes annak megélését is megteremteni. A legnagyobb meglepetésemre a következő reakciójában mégis a félelem jelent meg. Azt hittem, őbenne már nincs félelem! De talált.
Ő is talált.
Ha azt akarod keresni, akkor te is fogsz találni.

Belegondolt, hogy milyen országokon kellene keresztül menni.
– Hú, milyen állapotok lehetnek ott! Milyen autóval kéne menni, ami nem lenne annyira feltűnő? Biztosan meg lehetne ezt úgy csinálni, hogy jó legyen.
Felemelő érzés volt ennek tudatában letenni a telefont: Zanzibárra autóval is el lehet jutni.
Többször nem beszéltünk.

A félelem megjelenhet. Bármikor.
Ne is próbálj harcolni ellene! Csak küszködés lenne.
De eltávolodhatsz tőle, és akkor máris elmozdultál – a bizalom irányába.
A bizalmat tudod erősíteni.
Bízhatsz abban, hogy képes vagy bízni.
Aztán bízol abban, hogy képes vagy hinni.
Végül a magadba vetett hitet érzed.
Magadban.

Hiszem, hogy hiszek. Hiszek Magamban.

Viszont megjelenhet újra minden a megszokásaidból – igen, megszokásból, hiszen olyan sokszor gondoltad őket, olyan sokáig tartottad magad a rossz érzésekben, hogy megszokássá váltak.
Az a fájdalom, aminek érzésében nagyon sokat éltél, és minden ebből táplálkozó félelmetes gondolat visszatérhet még egyszer. De ne izgulj, ez is csak egy megszokás.
Felismervén átöleled, és elköszönve tőle, elengeded.

Észrevetted már, hogy hogyan jelennek meg a lehetőségek az életedben?
Egy kérdésként – mi lenne, ha? –, egy lehetőséghalmazként.
És érzed, ahogy ezek közül az egyik hív – már tudod róla, hogy arra vágysz –, a többi taszít – tudod, hogy nem vágysz rájuk.
Ahogy benned meggyőződés születik, figyelmed a választott irányra összpontosul, így a kérdés döntéssé érik benned. Majd, a döntésed pillanatában, ez a lehetőség tágra nyílik.
Mint amikor feldobsz egy érmét, és már tudod, hogy melyik oldalát szeretnéd látni, amikor földet ér.
Látható, hogy felfedi magát, ahogy a körülmények folyamatosan formálódnak. Folyamatosan bontakozik ki előtted.
Hiszen húz, húz annak varázsa, amit gondolatban már tökéletesen megteremtettél.
Gondolatban már *ott vagy*.

Olyankor óriási változások zajlanak benned.
Olyankor a legfontosabb, hogy maradj csendben, és figyelj.
Legyél éber!
Mert még csak majdnem léptél rá az útra, amelyik hív, amelyik kirajzolódik előtted.
Az igazi utadra.
Ilyenkor minden átrendeződhet benned újra.
Türelmes légy magaddal!
Öleld át magad!
Állj meg!
Bármikor.
És figyelj!
Figyelj befelé!
Figyeld a légzésed! Ne akard irányítani!
A légzés történik magától.

Ez az izgatottság hamarosan jóleső izgalommá alakul át.

A könyv írásához kiszakadtunk a megszokott, otthoni környezetből. Az utazás első állomásán, egy szálloda teraszán kávéztunk, amikor megjelent az igazgató. Tudomására jutott, hogy könyvet írunk, és vette a bátorságot, megszólította „az író urakat", hogy egy kéréssel forduljon hozzánk.

Az igazgatót előző este láttuk először. A hotel vendégeinek árult kedvezményes nyaralási jogokat a következő szezonra. Az ajánlat reálisnak tűnt, a hallottak alapján nem volt szükség nagy rábeszélő képességre. Ő mégis lehengerlően, meggyőződéssel forgatta a szavakat, úgy, hogy a végén mindig a leendő vendégek mondták ki: ez igen, ez kell nekünk, jobb nem is lehetne. A rutinos értékesítő iskolapéldája. A saját pályáján legyőzhetetlen profi.

Amikor odalépett hozzánk, látszott, hogy számára is új területre ér, de a szokásos rutinnal vezette fel ötletét, hogy az ő életéből kellene könyvet írnunk. Az aztán a téma! Generációkra visszavezethető, izgalmas történelmi dráma!
Ügyesen, fordítva tálalta a helyzetet. Ha az ember élete ilyen izgalmas, akkor egyszerűen odalép egy íróhoz, és azt mondja: kérem, írja csak meg!
Mintha feltette volna a kérdést: mi lenne, ha?

Igen. Ott ülünk, élvezzük a kávé és a reggeli napfény ízét, egyetlen leírt mondat nélkül – és egyszer csak szembesülünk önmagunk legfélelmetesebb tükörképével. Amikor a tisztánlátásra, a hitre mindennél nagyobb szükség van, amikor a lelkesedés után fellépő kétségek szisztematikus lebontásán kell még dolgozni, akkor ennyire felfoghatatlan kimenetelű események történnek.

Mi volt ez? Jel? Mit jelenthet? Hogy térjünk el az eredeti tervtől? Lehetőség a változtatásra? Ajándék az élettől? Figyelmeztetés, hogy koncentráljunk? Megzavaró tényező, hogy elterelje a figyelmünket? Csak hetekkel később tisztult ki, hogy ez a helyzet mit hivatott feltárni számunkra. Ott volt az igazgató megérzése. Hogy az ő élete kivételes – már hogyne lenne az! Ahogy mindenkié. És milyen jó volna nyomtatásban látni! Bestsellerként. Micsoda megerősítés lenne, hogy az ő élete rengeteg olvasó szerint csodálatos! Ez a tiszta megérzés mégsem vált meggyőződéssé. Mi sem vettük meg az ötletet. Nem éreztük, hogy kész végigdiktálni a történetet.

Ezért a válaszunk így hangzott: igen, ha úgy érzi, tegye azt, adja oda egy írónak.
Többé nem láttuk.

Jelentéktelennek tűnő mozzanat. De mégis mennyi tanulságot rejt magában egy ilyen találkozás, ha hajlandó vagy kibontani!
Itt is látszik a teremtésed lendülete.
Ha nem kerül szóba előző este, hogy könyvet írunk, nem talál meg az, akinek szüksége van íróra.
De nem ott, és nem így jött el az ideje, hogy vágyaink egymásra találjanak.

Azzal, hogy nemet mondtunk neki, tulajdonképpen egy elsöprő erejű *igent* mondtunk.
A saját vágyunkra.

Mi lenne, ha te is hangot adnál egy vágyadnak? Annak az egynek, amely nemrég megmutatkozott. Ami már alig várta, hogy sorra kerüljön. Amelyre nemrég fókuszáltál. Akár le is írhatod ide. Most rögtön.

Nézd meg újra, milyen leírva.
Azután mondd ki hangosan.
Akár többször is. Egymás után.
Egyre hangosabban.
Lelkesedésed érzésével –
Egyre magabiztosabban.

Ezzel is lehetőséget teremtesz, hogy az események melléd szegődjenek, és összeállítsák a megfelelő körülményeket.
Addig is, nyugodtan beszélj, mesélj álmaidról!
Ahogy újra és újra elmondod, a történet felveszi a ritmusát.
Élvezd a kibontakozását.

Jópár dolgot összepakoltam a lakásból, hogy odaadjam egy ismerősömnek, aki még hasznukat veheti. Amikor megérkezett, a dobozok tetején meglátott egy képkeretet.
– Ebbe festeni lehet? – kérdezte.
– Akár festhetsz is.
– De mit?
Nem az volt a lényeg, amire a kérdés mutatott, hanem az, ahonnan jött.
Kiderült, hogy mindig is szeretett volna festeni.
Hát nem érdekes, hogy egy képkeret láttán visszafoghatatlanul kipattant a kérdés?
Az egyetlen kérdés, ami ilyenkor marad: mit?

Mi lenne, ha nem hagynád ezt a kérdést ilyen nagyra nőni?
Mi lenne, ha egyszerűen csak rajzolnál?
Bármit.
Rajzolj ide valamit!
Ami jön, magától.
Hagyd mozogni a kezed.
Csak engedd, hogy elinduljon!
Hagyd, hogy nyomot hagyjon a papíron,

Aztán majd megnézed, hogy mi lett belőle.

Ne mondd, kérlek, ne mondd, hogy lapoztál egyet! Biztos vagyok benne, hogy képes vagy rajzolni.

Ahogy az iskolában, a füzet szélére rajzoltál.
Bármikor rajzolhatsz ugyanígy.
Mi lenne, ha végre igazán hinnél magadban?
Hogy képes vagy rajzolni is. Most is.
Mi lenne, ha csak két vonalat húznál?
De akkor ezt az ötletet már én adom?
Na jó, még mindig rajzolhatod te.
Te mit rajzolnál két vonalból?

Vagy az a kérdés, hogy mit értettem két vonal alatt? Ez egy egyenlő oldalú háromszög két szára? Ebben az esetben mire gondolhattam? Gondolhatok egy hegyre, vagy gondolhatok egy sátorra. Vagy lehet, hogy egy hegyen szeretnék sátorozni.
Mi adta az ötletet?
Milyen rejtett vágy hívta életre ezt a képet?

De lehet, hogy te egy piramist látsz benne.
Talán szívesen utaznál. Biztos, hogy Egyiptomba?
Talán érdekel téged ez a téma. Lehet, hogy olvasnál róla?
De hát akkor ki sem kell mozdulnod!
Te mit rajzoltál? Egy virágot?
Ki gondolta ki ezt a gondolatot?

Lehet, hogy szeretnél virágokkal foglalkozni? Lehet, hogy holnap rád talál egy könyv, amiből többet megtudsz a virágokról. Lehet, hogy ültethetnél egyet. Vagy lehet, hogy már régóta szívesen ajándékoznál virágot valakinek?
Tedd meg!
Ne halogasd!
Ha úgy érzed – cselekedj – indulj el!

Sétálj egyet! A szabadban.
Menj ki egy rétre! A természetbe.
Érezd az illatokat! Mennyi féle.
Élvezd a színeket! A színek varázsát.
Engedd elvarázsolni magad!

Az sem baj, ha csak egy virágüzletig jutsz el.
Az élmény egy.
Egy veled.
Mint, amikor rajzolsz.
Rajzolj!
Bármit.
Bármikor.
Virágokat, napocskát, kiscicát.
Máris érezheted magadban az alkotás örömét.
Azt a boldogságot, hogy milyen lenne ezt élőben, igaziban, teljes nagyságában látni.

Mi lenne, ha a rajzodban máris ott lenne a vágyad?
Mi lenne, ha kijelentenéd:
A képzeletemnek csak én szabhatok határt.

Mi mindennel tölthetsz fel egy képet?
Maradj együtt egy kicsit ezzel a kérdéssel.

Nem, nem muszáj sétálnod. Nem muszáj rajzolnod. Ezt sem muszáj. Mást sem volt az. Eddig sem.

Észrevettem, hogy a tevékenységeim túlnyomó többsége olyan, amit nem muszáj csinálni.
Senki nincs, aki azt mondja, hogy ezt kell csinálnod. Lehet, hogy csak te hitetted el magaddal, hogy ezt és ezt „kell csinálnod"?
Hogy mennyi mindenen „kell dolgoznod".

Egyszer meg akartam találni egy régi ismerőst, egy gyönyörű lányt. Egy régen elfeledett e-mail címre írtam, és azután öt héten keresztül nézegettem, hogy jön-e válasz. Lassan feladtam. De valójában a kétségeimet engedtem el. A kételyeimet, a félelmemet: „mi van, ha… soha nem látja a levelet?"
Tulajdonképpen ezzel egy időben kap teret a megengedés. *Legyen, ahogy van.*
Ettől még továbbra is gondoltam rá, és a szép emlékekre. Minél tisztábban éreztem, annál jobban ráhangolódtam a pillanatra: újra látni fogom őt.
Már nem az érdekelt, hogy mit válaszol a levélre. Képzeletemben már azon is túlmerészkedtem: hamarosan találkozunk.
Majd ennek akarását is elengedtem.
Ugyanolyan jó érzés volt rágondolni, mintha már most előttem állna. És átölelne.

Akkor mindent átélhetsz úgy is, hogy száz százalékosan elképzeled? Megélheted a vágyadat, tökéletesen átérezve azt? És lehet benne igaz hited, hogy hamarosan megjelenik életed valóságában is.
A fizikai valóságban is megtapasztalhatod.

Úgy lesz, hiszen hiszel benne.
Hiszek benne! Így van!
Hiszek magamban!

Mostanra te is érezheted, milyen sokszor nincs szükség óriási erőfeszítésekre ahhoz, hogy vágyad teljesüljön. Elég csak játszanod.
Megengedned magadnak a játékot.
Ráírni egy papírra a neved – kinyilvánítani a szándékod –, és eljátszani a gondolattal, hogy pár hét múlva megérkezik a válasz: te nyerted a főnyereményt.
Mi lenne, ha hagynád jönni, ami jönni óhajt?
Mi jön most?
Egy telefonhívás? Egy levél?
Egy séta? Egy találkozás?

Egy napon, öt héttel később, az én kétsoros levelemre megérkezett a kétsoros válasz.
Kiderült, hogy amikor egy játékban e-mail címet kellett megadni, hirtelen ez a régi, elfeledett jutott eszébe.
Ennek a „csodának" köszönhetően találkoztunk újra.
Mert, ugye, azt mondod: csoda?
Miért kéne csodának nevezni?
Hívhatod annak, de akkor miért ne vehetnéd észre, hogy hány és hány ilyen „csoda" történt már az életedben?
Amikor hagytad magától történni a dolgokat, úgy, ahogy a legjobb. A legjobb neked, és másoknak is.
Ahogy ebben az esetben – majd két évig együtt éltünk…

Végül megtalált a hely, ahol úgy éreztük, tökéletes nyugalomban dolgozhatunk a könyvön. Egy ebben az időszakban elhagyatott tengerparti nyaralóban három nap után kiderült: a félelmeinket nem teljesen hagytuk hátra. Hoztunk még magunkkal! Vajon képesek vagyunk-e teljesen összehangolódni a vágyunkkal, ami régóta bennünk él? Mi van, ha mégsem állunk készen? Mi van, ha nem lesz teljes nyugalom?

Ahogy úrrá lettek rajtunk a kétségek, és megjelent a jó öreg „mi van, ha", nyilvánvalóvá vált: az elutazásra nem a teljes nyugalom miatt volt szükség. Nem azért, hogy elmeneküljünk a félelmek elől. Hanem, hogy legyen, ahol szembesülünk velük. Hogy ne legyen más választásunk, mint szembenézni önmagunkkal.

Mi lenne, ha végre elengednénk a félelmeinket?
Ha mi hoztuk magunkkal, mi is engedhetjük el.
Mi lenne, ha csak úgy elkezdenénk írni?
Tényleg lehet ezt, csak így?
„Egy lépés..."

És ahogy szeretettel átöleltük önmagunkat – aki tudja, végre készen áll vágyai megélésére, beteljesülésére –, abban a pillanatban minden kétség szertefoszlott. Abban a pillanatban tökéletesen érezhető volt, hogy a könyv már kész.

Úgy lett, ahogy előtte sejtettük: a könyv elkezdte magát írni. Hagytuk, hogy megjelenjenek bennünk e gondolatok részei, és váljanak egyre inkább egy egésszé. A mondatok maguktól születtek meg. Egyik a másik után. Mint egy lánc szemei, kapcsolódtak egymáshoz. Nem voltak többé félelmeink, csak a múltból táplálkozó megszokások próbáltak még megjelenni.

A megszokásaid még energiával bírhatnak. De már nem táplálod őket. Mint amikor adsz egy nagy gázt az autónak, mielőtt leállítanád. Egy darabig még pörög a motor. Tudod, hogy le fog állni. Hiszen a kulcsot elfordítottad. Egy másik irányba.

Gondolataidnak mostanra képes voltál egy másik irányt szabni. Minden gondolatodat a jó érzések felé fordítottad. Minden érzésed a boldogságod irányába kormányoztad.
Úton vagy, a saját utadon.
Tartsd az irányt!

Mi lenne, ha innentől csak azzal foglalkoznál, ami örömmel tölt el? Ha jelen vagy minden pillanatban – vágyaid irányára tekintettel –, akkor tudatosan hozhatsz döntést. A szíved hívása szerint irányítsd gondolataidat! Tudatosan, ébren tartva a figyelmedet. Minden pillanatban.
Semmi más nem lehet ennél fontosabb.

Bármilyen technika felesleges, ha automatikussá válik, és hagyja ellankadni a figyelmedet. De minden gyakorlat jó, ha segít fókuszálni. Bármilyen rituálé. Bármilyen eszköz. Bármi, amiben kedved leled.

Mi lenne, ha írnál magadnak néhány szót?

Egy kis papírra – amit kitehetsz a tükörre –, hogy emlékeztessenek: jelen vagyok!
Elég egy mondat. Amit szívesen mondasz.
Egy megerősítés, ami a sajátod.
Amit mindig „magaddal vihetsz", és minden pillanatban tudatosíthatsz.
És újat is írhatsz, ahogy az lételemeddé vált.

Megelégedettséggel töltsön el az a munka, amit eddig végeztél magadban.
Maradj csendes, és csak érezd! Érezd!
Kész vagy vágyad megvalósulására.
Kész vagy befogadni.

Itt vagyok.
Készen állok.

Voltál már úgy, hogy azt érezted valamiről: ez elképzelhetetlen?

– Amikor biztosan tudtam, hogy az elképzelhetetlen? Most azt kérdezed, mi az, amit elképzelhetetlennek tartok? Nem lehetetlennek, hanem elképzelhetetlennek... Akkor tisztában vagyok azzal a formával, helyzettel. Tudom, hogy mi az, amit elképzelhetetlennek tartok. Máris ellentmondásba keveredtem.

– Tehát ekkor már megjelent a képzeletedben...

– ...csak én úgy döntöttem, hogy megpróbálom kiutasítani a gondolataimból.

– Vagyis a tapasztalatodba nem engeded be.

– És ugyanúgy, ahogy a gondolatomban már megjelent, mielőtt megpróbálnám kiutasítani, mi van, ha a tapasztalatomba való beengedésnek is csak én vagyok az útjában? Annak, hogy az megjelenjen.

– Ki más lehetne?

– Akkor csak egy döntésem?

– Akkor csak egy kibúvót keresel? Egy másik fogalmat: hogy megvalósíthatatlan?

– Most azt mondod nekem, hogy tényleg csak rajtam múlik? De biztos, hogy volt, ami nem az én gondolataimon múlt. Akaratomon kívül történt.

– Vagy lehetséges, hogy csak nem voltál tudatos azokra a gondolatokra?

– Volt-e olyan esemény, ami, ahogy kiutasítottam a gondolatomból a szerintem megvalósíthatatlant, annak ellenkezőjeként jelent meg? Lehet, hogy pontosan megteremtettem azt, aminek az ellenkezőjét tartottam megvalósíthatatlannak.

– Sőt, ekkor érezhetted is, hogy „húha, ez nem biztos, hogy jó lesz". És meg is történt veled. Bekövetkezett. Újra és újra, akár. Ellenkezéseddel annak ellenkezőjét teremted.

– Vajon azt, amit elképzelhetetlennek vagy megvalósíthatatlannak tartok, nem egy korábbi tapasztalat alapján gondolom úgy? És az a korábbi tapasztalat vajon nem az én döntésem alapján alakult úgy?

– És pusztán megszokásból még mindig azt gondolod tovább, azon tartod a figyelmedet, még mindig nehezményezed. Tehát újrateremted.

– Még úgy is, hogy a címkét, hogy jó vagy rossz, akár előre, akár utólag, én rakom rá az eseményre.

– Kezded érezni, hogy semmi sem elképzelhetetlen?

– Ami engem ezen a ponton jobban érdekel: akkor tehát minden megvalósítható?

– Mi lenne, ha elhinnéd, hogy bármire képes vagy? Bármi megtörténhet veled. Gondolj bele! Játssz el a gondolattal, hogy az, amit most elképzelhetetlennek tartasz, mégis elképzelhető! Ugye, ez megy? Mi lenne, ha eljátszanál azzal a gondolattal, hogy amit megvalósíthatatlannak tartasz, az már itt is van? Csukd be a szemed! És csak érezd! Figyelj az érzésre! Ezen a ponton nagyon fontos: érezd a boldogság érzését. Mert a mindenben bármi benne van. Itt veheted kezedbe a sorsod irányítását. Olyat gondolj, amit valóban boldogan megélnél! Amit feltétlen szeretnél a valóságban is megtapasztalni. Feltétlen.

– És a hang, akit megtaláltam magamban, az új barátom számára ugyanúgy minden megvalósítható, mint ahogy számomra minden elképzelhető.

– Számára minden elfogadható. Minden szívből jövő vágyadat támogatja. Ebben egészen biztos lehetsz. De ne hidd el nekem! Csak érezd! Most magadra kell, hogy hagyjalak. Viszont van a folyamatban egy pont... A megbocsátás.
Most hogyan vagy azzal a lánnyal? Azt mondtad, érzed, hogy itt van veled. Mi lenne, ha csak ennek érzését engednéd magadban kiterjedni?

– Főleg a félelmei vannak itt, de tudja, hogy ezt csak az elméje mondja. Tehát támogat.

– Tehát attól fél, amire te most haragszol? Valaminek akkor tudod megélni a hiányát, amikor elveszítheted. Tehát akkor is találhatod meg igazán. Ennek nézőpontjából nézz rá az elválásra, és ami akkor rád hatott!

– Mintha az jelenne meg előttem: találkozunk a túloldalon.

– Tehát rá tudtál látni. Túl a formán. Menj még mélyebbre! Mit éreztél? Csak magadban, nem iránta. Csak a csúcspontját keresd, azt a pillanatot!

– Megértést.

– Magadban?

– Igen... hogy most egy akadály, vagy az akadály, vagy az eddigi akadályok mindegyike hárul el.

– Most erre tekints úgy, hogy az mind te voltál. Azt mind te teremtetted. Ennek megnyilvánulását is te teremtetted, de ezt már csak az elmúlt napokban.

– Elköszönés a drámától.

– Az egymástól való függés elengedése, elköszönés mindattól, ami pusztán ragaszkodás. Amikor két ember, test, elme próbál kapcsolatba lépni, az még minden pillanatban illékony, a folyamatosan váltakozó gondolatok függvényében változik. De két független személyiség már a tiszta szeretetből táplálkozó, szívtérben való egyesülése – szívből jövő kapcsolódás – minden gátat lebontva, teljes szabadságban él, és hagyja egymást létezni.

– Ugyanúgy, az elköszönés az akadályoktól, a múltbeli szokásoktól, a fájdalmaktól, félelmektől – már nem egyénfüggő. Vagy, ha igen, akkor csak én ragaszkodom hozzá.

– Így van. Csak könnyebb a másik személyére kivetíteni. De lehet egy szituációra is... Most ezt fordítjuk meg.

– ... haragba, elvárásba, és mindenféle rajtam kívül állónak tűnő okba.

– Igen, és ha ezt mind megfordítjuk, akkor kitisztulnak, és mindennek tudása felragyoghat.

– Amit korlátnak élek meg, hogy...

– Ha minden mást el tudsz képzelni, akkor ezt is elképzeled?

– Rendben. Lehet majd... oké, tehát most is lehet, hogy elengedem a korlátokat. De amit korlátnak élek meg, az az, hogy amit értek, azt tudom igaznak hinni. És az ehhez hasonló kétségek – hogy vajon most teremtettem, vagy öt perce, vagy öt éve valamit – az ehhez hasonló zavarok nehezítik bennem, hogy a hitnek átadjam magamat. És a másik...

– A megértés is leköt energiát. Az is csak a múltban megtörtént eseményre irányíthatja rá a figyelmet. És azt boncolgatja tovább. Úgy is lehetne mondani, hogy nem kell mindent értelmezni. Ha csak megérteni akarsz, akkor – ahogy te is mondtad –, gátolod a hited.

– Az értés feladása az irányítás feladása.

– Igen. Viszont amikor benned zajlik, amikor a láncszemek benned kapcsolódnak össze, azután minden megértetté válik. Az megnyugvás. Béke. Ha az irányítást feladom, az a szabadság. Ha a szabadságról beszélünk, beszélhetünk korlátról is. Egyszerre nem létezhet a kettő. Vagy az egyik, vagy a másik, de egyszerre a kettő nem létezhet.

– …és a másik: vajon milyen végeredménye lesz? Itt van egy félelmem.

– Ez pedig a jövő. A jövőtől való félelem és a múltban lét-haragja. Annak fájdalma. Ez nagyon jó. Tök jó, hogy ezt feltártad. Ez az intelligenciád, a spirituális elméd megnyilvánulása. A jövőbe már merek tekinteni, de ez még nem szívből jövő hit. A múltba is vissza tudok nézni, de még hordozott fájdalommal, mert még nem tisztítottam ki. Amikor mindezt kitisztítod, megérkezel a jelen pillanatba, ahol a Szeretet van. Abban már nincs semmi ilyen, abban teljes megengedés van. Szabadság.

– Amit már nem tudok tovább vinni, az az, hogy…

– Állj meg egy pillanatra! Ne cipekedj! Mi lenne, ha csak lennél? Most. Csak lélegezz! Pihenj meg. Milyen az, ahol most vagy?

– …

– Oda tudja ezt adni valaki?

– Nem.

– El tudja valaki venni?

– Nem, hacsak én nem.

– Kiegészítheti valaki?

- Nem.

- Akkor ez így teljes, önmagában?

- Igen.

- Ha ezt senki nem tudja elvenni, senki nem tudja odaadni, akkor ez mindig van. Csak így tudlak látni, mint maga a szeretet.

- És visszamenőleg is érzem, hogy mindig ott volt. Amit ki lehet egészíteni, az hiányosság. Ez pedig mindig teljesség volt.

- Az, ami van, az önmagára talált. Felismeri önmagát egy másik létezőben.

- Ezt nemcsak, hogy senki nem tudja kiegészíteni, hanem semmi. Nincsen szükséglete. Nincs célja.

- A cél jövő. A jövőd pedig megállíthatatlanul tart feléd. Ez már csak játék. Játék a szavakkal. Te itt vagy, a jelenben. Hát játsszál! Ennek a megérzését kerested. A játék örömét. Éppen ezért, mert nincs célja, azt is megteheti, hogy csak van. Csak létezik. Minden pillanatban. Szeretetteljes boldogságban.

- Akkor élhetek így?

- Most már érzed, hogy így érdemes. Most vagy itt. Most vagy itt igazán. Jelen vagy. Készen, az élet varázsára. Mi lenne, ha így élnél? Mintha ez lenne az utolsó napod. Mert lehet, hogy ez a test hamarosan kiszáll a játékból...

- ...úgy érted, mi van, ha meghalsz?

- Úgy értem, mi lenne, ha újév napján meghalnék? Lenne még olyan vágyad, amit velem együtt át akarsz élni? Lehet, hogy húsz évig élek még. Most nem akarom elképzelni, hogy meddig. De mi lenne, ha te

elhinnéd, hogy sokáig élsz? Ha elhinnéd, hogy azért vagy csak harminchárom éves, hogy még rengeteg élményt megélj. Mi lenne, ha úgy kelnél fel, hogy bármire képes vagy, és úgy feküdnél le, hogy valóban AZ vagyok? Egy hálás köszönettel. Köszönöm ezt a napot. Annak minden pillanatát, mindazt, ami bennem és körülöttem felragyogott. A önbecsülésed teljes boldogságában nyújtanád ki a tested. Mi lenne, ha egyszerűen azt mondanád: Istenien érzem magam.
Csak érezd!

Így érdemes élnem.

Mikor megkérdeztem édesapámat, hogy mit szólna egy kismacskához a háznál, nagy meglepetésemre igent mondott. Elfogadta. Még jobban meglepődtem, amikor két hét után felhívott, és vidáman mesélt élményeiről, melyeket ez a kis jószág okozott. Azt mondta: minden délután van szeretet-félóra.

Két napig gondolkodtam ezen a mondaton. És talán mind a negyvennégy évemen. Amíg vártam, kerestem és akartam – a figyelmét. De nem találtam. Végül megjelent. Egy cica kellett hozzá.

Ekkor már tudtam, ez a legnagyobb ajándék, amit adhatunk egymásnak.
A figyelem.
Az a nyugalom, az a békesség, amiben ez a figyelem megjelenhet, az maga a szeretet.
Még ha a fájdalmáról is mesél a másik, csak figyelj!
Légy csendben!
Nem kell, hogy azonosulj vele.
Nem kell, hogy a figyelmedet a fájdalmára vidd.
Csak figyelj, nézz a szemébe!
Mintha szereteteddel ölelnéd át.
Előbb-utóbb ez megjelenik a másikban is.
Ugyanez a nyugalom.
Ugyanez a békesség.
Ugyanez a figyelem.
A Szeretet.
Egy szeretet.
Akkor a Szeretet saját magára talál.

Megpróbáltam visszaemlékezni gyerekkoromra, és nem láttam, nem találtam ezeket a szeretet-félórákat. Legalábbis nem nap mint nap.

Vajon a te napjaidban van erre idő? Szakítasz rá időt, hogy ezzel az őszinte figyelemmel ajándékozd meg a körülötted lévőket? „Aktív" figyelemmel követed a gyermeked, társad, párod, rokonod, barátod? Hiszen mi más lehetne nagyobb ajándék? Mi másnak lenne akkora értéke, mint a te szerető figyelmednek? Csak figyelj... és szívedből engedd, hogy egy mosoly megjelenjen az arcodon!

Végül minden felnőtt gyermek kimondhatja:

Köszönöm, hogy a létbe hívtál.

Mindent megteszek, hogy boldog legyek.

Egyetlen üres lap maradt.
Egy tiszta lap.
Mi lenne, ha most Te írnál?
Írnál valamit.
Valami szépet. Ami eszedbe jut.
Mi lenne, ha leírnád:
Üdvözöllek.

Üdvözlöm Magam

Szeretettel

És folytasd.
Nyugodtan folytasd.
Azokkal a szavakkal, amelyek szívedből törnek fel.
Csak engedd megszületni!
Csak érezd.
És írd őket egymás mögé.
Csak rajzold a betűket.
És hidd el, csoda születik.
Csodának se nevezd!
Hagyd megtörténni.
Csak írj...